THORSTEN DUIT

MÄNNERMASCHEN

Klassisch oder Cool

stiebner

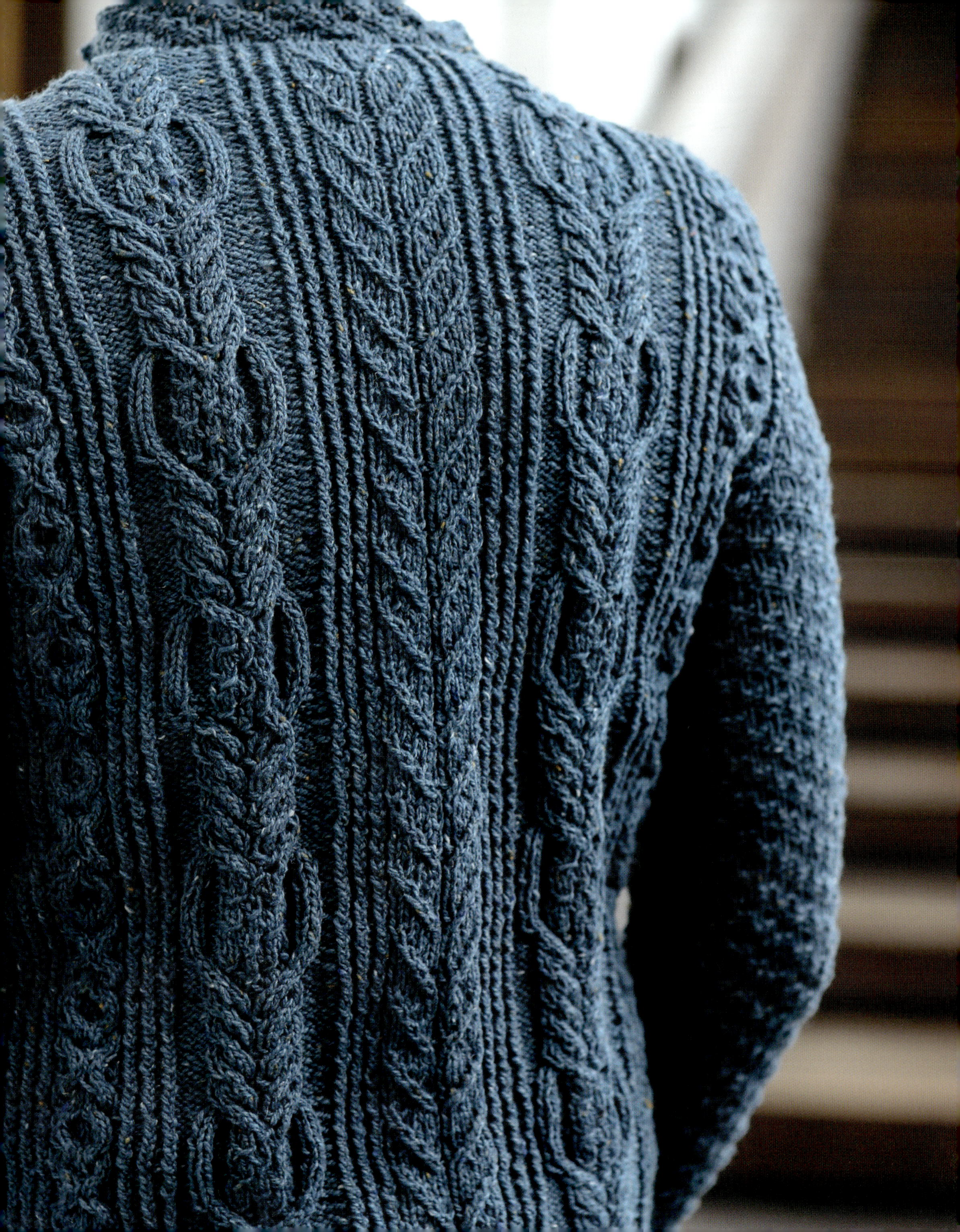

Inhalt

Vorwort

Ein Buch nur mit Stricksachen für Männer – genau mein Ding! Ich stricke seit über 40 Jahren und war in den 80igern schon oft frustriert von dem EINEN beigefarbenen Alibimännerpullover in den einschlägigen Strickzeitschriften. In der Zeitschriftenlandschaft hat sich seitdem leider nicht viel verändert. Pünktlich zum Herbst gibt es das ein oder andere Modell, dass wohl zum Weihnachtsgeschenk stricken verführen soll, aber im Großen und Ganzen herrscht hier immer noch Flaute.

Mein Buch richtet sich an alle, die Herrenmodelle stricken wollen, sei es für sich selbst oder für einen Herzensmann. Die Modelle decken die komplette Herrenbekleidung ab. Von Socken bis zur Mütze ist alles dabei.

Für einige Modelle nutze ich besondere Techniken, die im ersten Teil des Buches ausführlich erklärt werden. Oft findet ihr auch QR-Codes, die euch direkt zum passenden Erklärvideo in meinem YouTube Kanal bringen.

Doch wie modemutig ist Mann heute? Ich zeige jedes Modell in zwei Ausführungen: einer klassischen und einer coolen Variante. Mit wenig Veränderungen durch Farbe, Muster, leichter Anpassung des Schnitts kann ganz schnell aus einem schönen klassischen Pullover ein cooles Teil entstehen.

Natürlich sollen die Modelle zum Nachstricken verführen. Aber ich möchte auch Eure eigene Inspiration anregen und Euch zeigen, wie leicht es ist, eigene Ideen zu verwirklichen. Mit kleinen Änderungen verwirklicht Ihr so Euren ganz eigenen Look – ganz nach meinem Motto:

Du entscheidest, was schön ist!

Übrigens …
Das Buch richtet sich an Männer und ich würde mich wirklich sehr freuen, den ein oder anderen Mann mit mehr handgestrickter Kleidung zu sehen, denn Männer in Strick sind sexy. Aber Geschlechtergrenzen sind langweilig und die Modelle im Buch stehen ganz sicher auch Frauen sehr gut. Wenn ihr eines der Modelle nachstrickt, würde ich das wirklich sehr gern sehen. Postet doch dazu ein Bild in den üblichen sozialen Netzwerken und verwendet das Hashtag #justduit – Ich freue mich auf eure Werke!

Viel Spaß beim Stricken,

Thorsten **just-duit!**

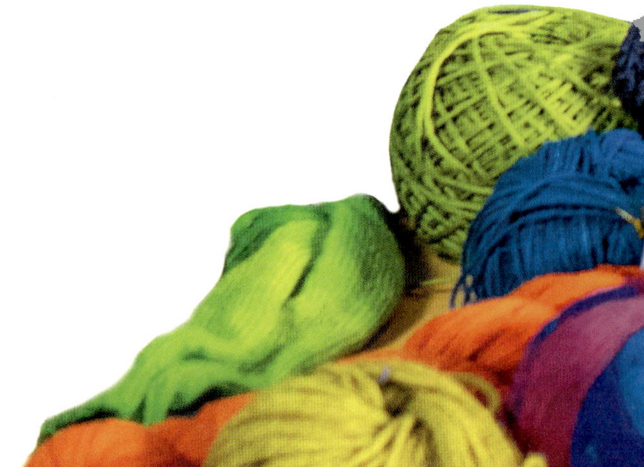

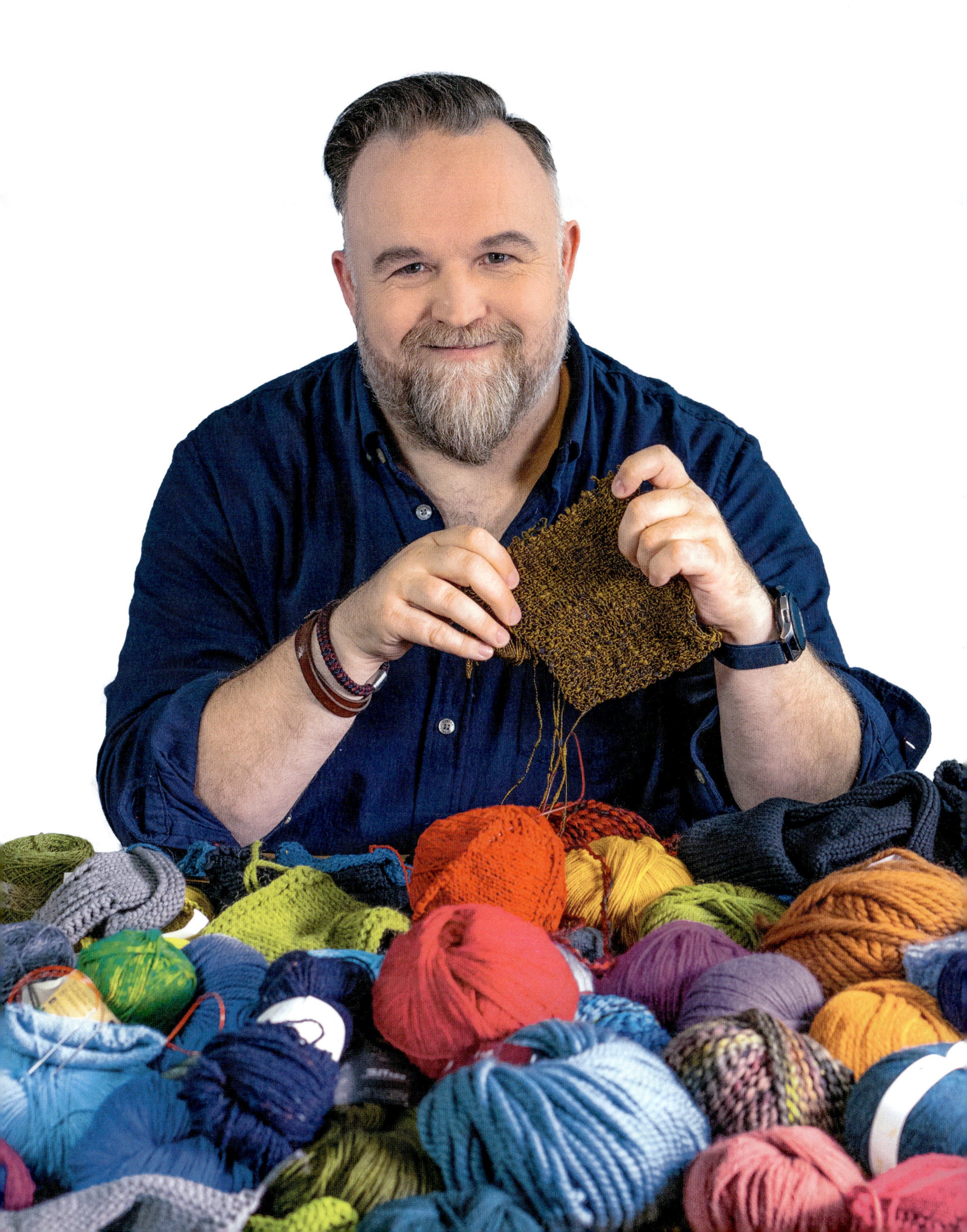

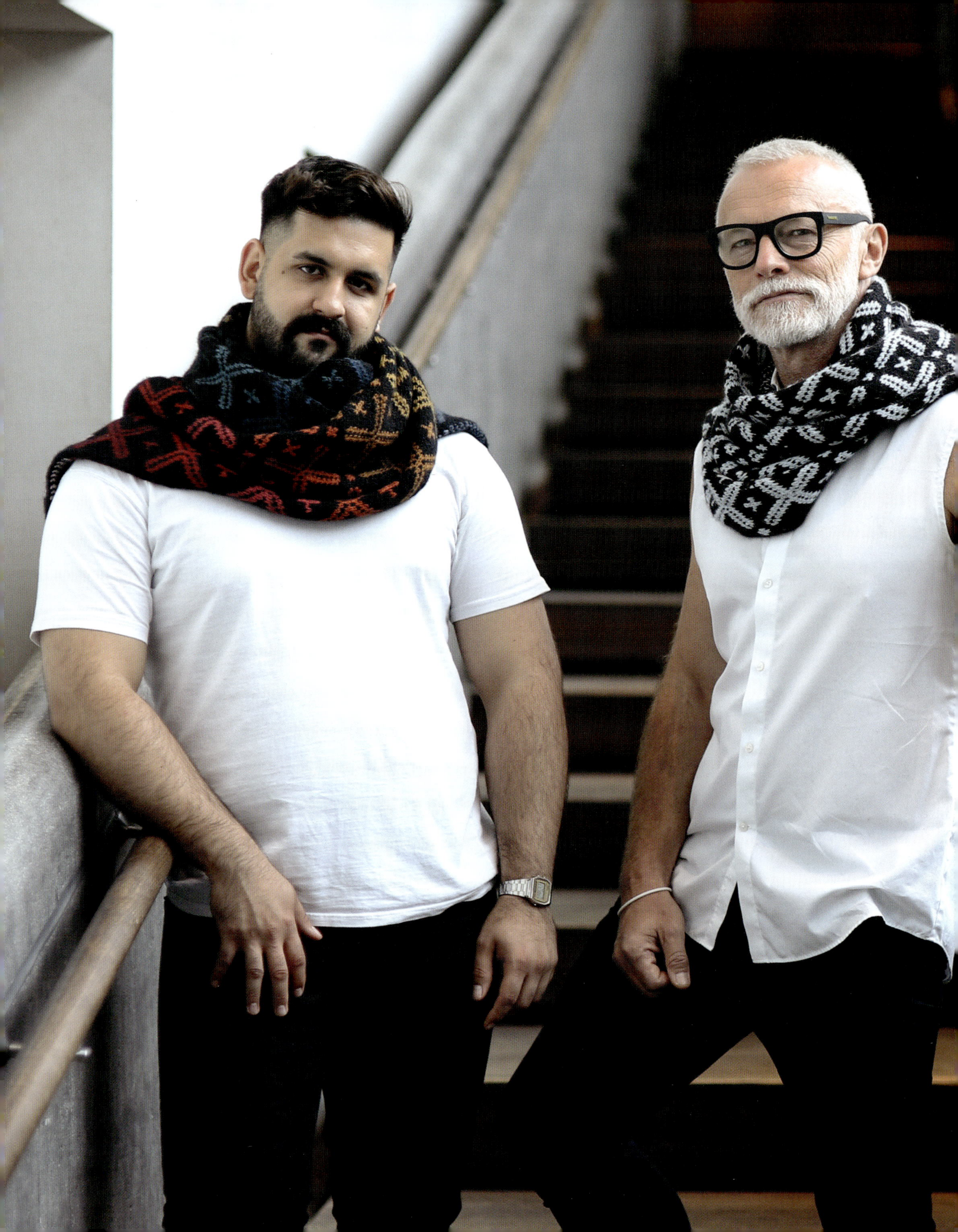

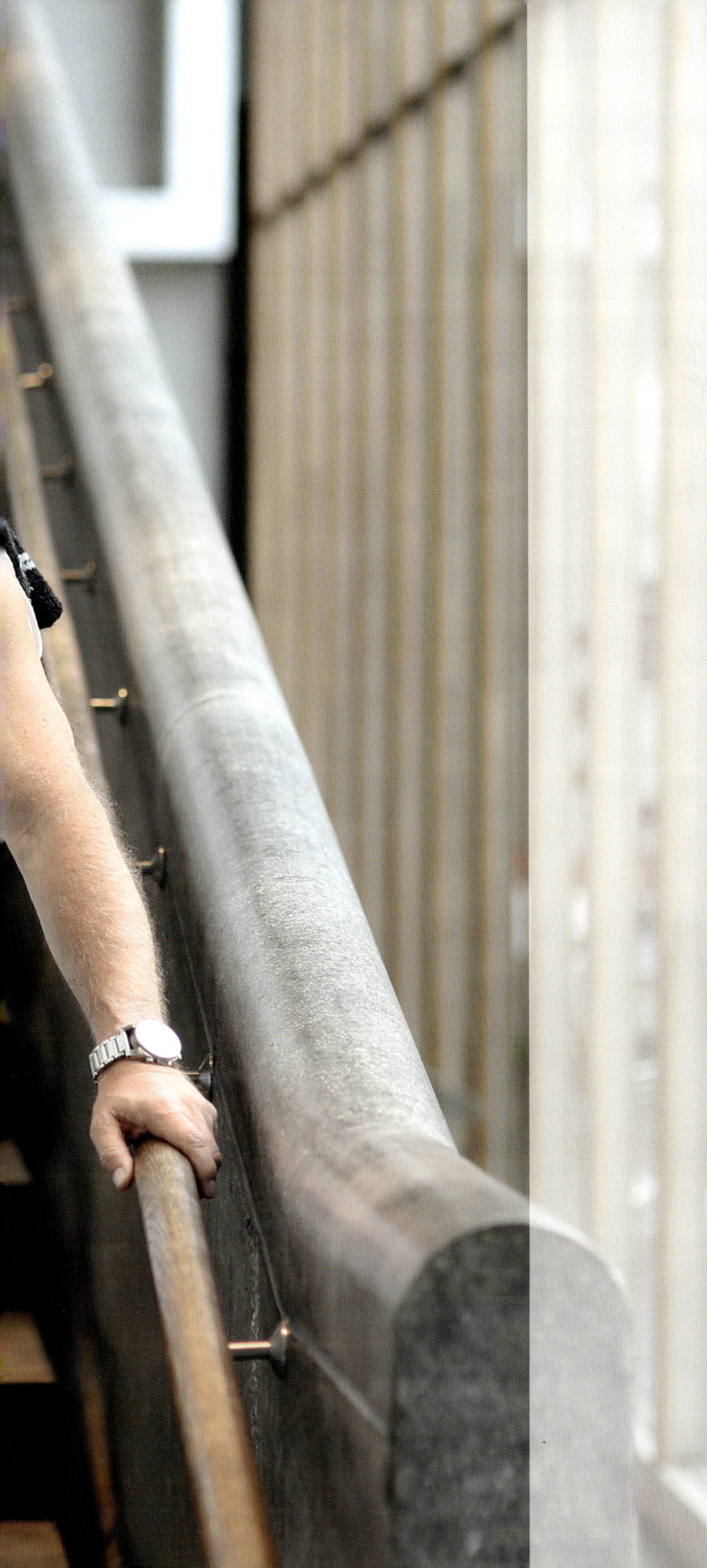

TECHNIKTEIL

Technik, Tipps und Tricks

Technik und Abkürzungen

Einige Techniken, die ich bei den Modellen im Buch verwende, erläutere ich auf den folgenden Seiten näher. Ich zeige hier meine bevorzugten Methoden, aber oft gibt es mehrere Möglichkeiten, strickend das Ziel zu erreichen. Die Techniken sollen euch gern inspirieren, vielleicht einmal etwas Neues auszuprobieren, aber sie sind keineswegs zwanghaft verordnet. Wenn ihr euren idealen Weg der Maschenzunahme oder des Maschenanschlags, zum Beispiel für Toe-Up Socken, gefunden habt – bleibt dabei!

Vielleicht stricke ich die ein oder andere Technik anders, als ihr sie kennt – dann sind es Alternativen der gleichen Methode. Es gibt beim Stricken kein Richtig oder Falsch – was zum Ziel führt, für dich funktioniert und dir gefällt ist dein persönliches »Richtig«.

ABKÜRZUNGSREGISTER

abh	abheben
abk	abketten
anschl	anschlagen
aufn	aufnehmen
DM	Doppelmasche
HN	Hilfsnadel
HR	Hinreihe
KLL	Knit Left Loop
KRL	Knit Right Loop
li	linke/links
Ma	Masche
MM	Maschenmarkierer
NS	Nadelstärke
re	rechte/rechts
R	Reihe/Reihen
Rd	Runde/Runden
RM	Randmasche
RR	Rückreihe
str	stricken
U	Umschlag
verschr	verschränkt
VR	Vorbereitungsreihe
w	wenden
wdh	wiederholen
z	zurückschieben
zun	zunehmen
Zun	Zunahme

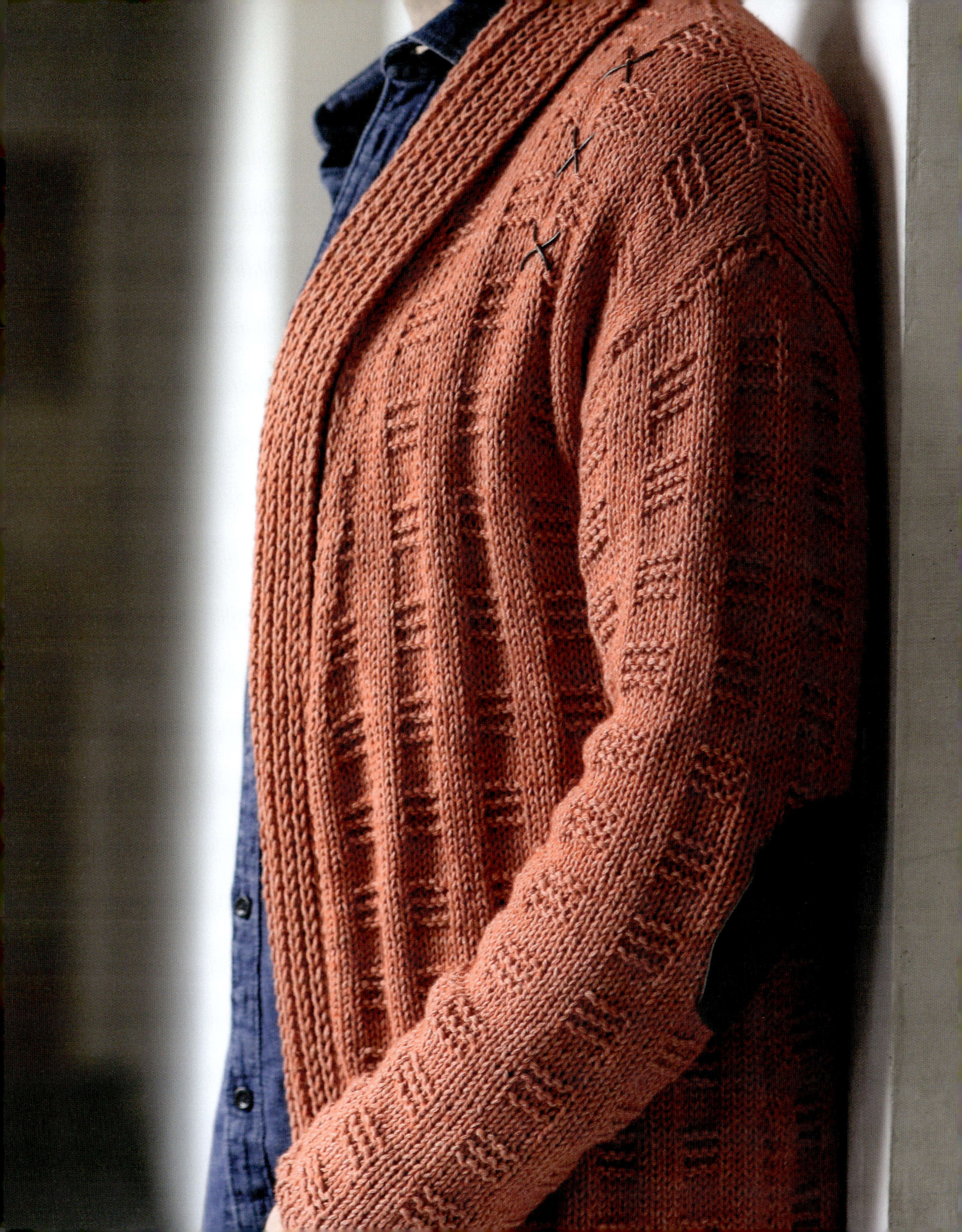

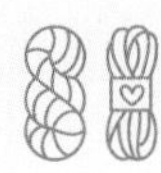

Verwendete Garne und mögliche Alternativen

Alle im Buch verwendeten Garne gefallen mir richtig gut. Bei einer neuen Idee probiere ich meist mehrere Qualitäten aus und stricke sehr viele Maschenproben, bis mir ein Maschenbild sowie der Fall der Strickprobe gefällt. Erst dann fange ich an, die passende Anleitung zu entwickeln.

Die Garnhersteller entwickeln regelmäßig neue Garnmischungen in aktuellen Farben und je nach Qualität ergeben sich daraus ganz einzigartige Strickstücke. Die CASHSETA von LANA GROSSA ist ein Schlauchgarn mit Modal, Kaschmir und Seide. Das Schlauchgarn macht ein großartiges Maschenbild und die Qualität ist kuschelweich und trotzdem kühl mit einem ganz leichten Glanz – da wirkt jedes Teil absolut edel. Die FOURSEASON ist ein Ganzjahresgarn, bei dem Kaschmir mit Baumwolle und Schurwolle gemischt ist – das Ergebnis ist ebenfalls weich, hat durch die Schurwolle aber mehr Festigkeit – perfekt für Strickjacken, die nicht zu warm und deswegen auch gut tragbar im Büro sind.

SCHACHENMAYR ist seit Jahrzehnten bekannt für Sockenwolle – die REGIA haben schon Eltern und Großeltern verstrickt. Auch bei Sockenwolle hat sich in den letzten Jahren viel getan – neben der Schurwolle gibt es Beimischungen aus Bambus, Yak, Alpaka oder Seide. Die PREMIUM SILK von SCHACHENMAYR heißt auch Krönchenwolle, weil das Etikett am Knäuel geformt ist wie eine Krone – und die Qualität ist wirklich toll. Der Seidenanteil verleiht dem Garn einen ganz leichten Schimmer. Seide ist übrigens eines der strapazierfähigsten Garne – entsprechend ist diese Sockenwolle auch bei 40 Grad waschbar und trocknergeeignet – das hab ich selbst gestestet! Die ALPACA CLASSICO von SCHACHENMAYR ist genau das – eine klassische Mischung aus Alpaka und Schurwolle. Diese Qualität gibt es in 27 verschiedenen Farben, so dass wirkliche jede Farbidee umsetzbar ist.

CARPE DIEM von LANG YARNS ist ähnlich zusammengesetzt wie das Alpacagarn von Schachenmayr, dabei aber deutlich dicker, so nehmen deine Projekte schnell Form an. In das Multicolorgarn FINN von LANG YARNS habe ich mich sofort verliebt – ebenfalls ein dickes Garn und bei diesen Farben kann man einfach das Garn für die Wirkung sorgen lassen. Der Pullover ist fix gestrickt und dann ein neues Lieblingskuschelteil.

Die NORVIKA von GGH ist noch etwas stärker, hier strickst du sogar mit Nadelstärke 7-8. Der XXL Loop ist da an einem verregneten Wochenende fertig. Die BABY ALPAKA von GGH ist aus reinem Alpaka von Jungtieren – das macht das Garn besonders weich und kuschelig und GGH bietet über 30 verschiedene Farben an, du kannst bei diesem Stranded Colorwork Loop also deine Lieblingsfarben kombinieren – warum nicht mal grüne Flammen vor orangem Hintergrund?

ATELIER ZITRON produziert die weichste Yakwolle, die ich kenne. Perfekt geeignet für wirklich warme Wintermützen. Das Garn ist eine Mischung aus tasmanischer Schurwolle und Yak – also wirklich edle Fasern, die die Mütze zu einem perfekten Geschenk für den Lieblingmenschen machen. Die YAK ist sehr fein gesponnen und deswegen auch ideal zum Tücher stricken. Für die Mütze im Buch habe ich das Garn zweifädig verstrickt. HERBSTWIND ist aus reiner tasmanischer Schurwolle und ein Allroundgarn, dass sich ebenfalls gut für Mützen eignet. Mit 29 verschiedenen Farben findest du sicher auch Lieblingsfarben.

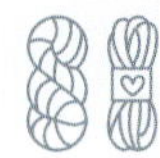

Von der fast gegenüberliegenden Seite der Welt bezieht SCHOPPEL viele seiner Garnqualitäten. Die BIO MERINOS ist eine Mischung aus patagonischer Schurwolle und Leinen. Der Leinenanteil ist nur klein, aber entscheidend – er verleiht dem Garn einen unverwechselbaren Charakter. Außerdem liebe ich die gedeckten Melangefarben dieser Wolle. Die IN SILK verbindet die Schurwolle und Seide in einer leuchtenden Farbpalette – mit Nadelstärke 5 kommst du hier bei dem Statement Schal SCHWARZE BLITZE schnell zum Ziel. Die Garne von SCHOPPEL sind oft nicht gezwirnt, sondern in einer speziellen Walk-Technik miteinander verbunden. Walk-Technik ist eine schonende kontrollierte Filztechnik zum Verbinden der verschiedenen Qualitäten. So entsteht ein ganz eigener Garncharakter und ein besonders schönes Maschenbild.

BC GARN beschäftigt sich schon lange mit Nachhaltigkeit. Die LOCH LOMOND BIO ist aus reiner Wolle und GOTS zertifiziert. Das ist ein Gütesiegel, dass eine ökologische und sozial verträgliche Produktion garantiert. Das Tweedgarn hat eine hohe Lauflänge und ist damit auch für größere Projekte wie Jacken gut geeignet, da das fertige Kleidungsstück nicht zu schwer wird.

Die COLORI von BC GARN ist für mich ein echter Geheimtipp. Schurwolle mit Seide und Leinen in 27 gedämpften Farben. Zugegeben: Ich liebe Leinenmischgarne, aber diese Kombination ist wirklich besonders. Das Garn fühlt sich ganz kühl auf der Haut an, hat einen dezenten Schimmer und fällt verstrickt weich und fließend, ist also ideal für Tücher. Ich wollte unbedingt eine Strickjacke daraus machen und durch das durchgehende Zopfmuster im VERWIRRTEN JANKER bekommt das Garn den nötigen Stand für eine Jacke und kann die einzigartige Optik des Materials bewahren.

Vielleicht gefällt dir im Buch etwas, aber du erhältst die Wolle nicht mehr oder suchst aus anderen Gründen nach einer Alternative. Dann achte vor allem auf die Nadelstärke, die Lauflänge und die Zusammensetzung des Garns. Deine Alternative sollte möglichst nah an diesen Angaben liegen.

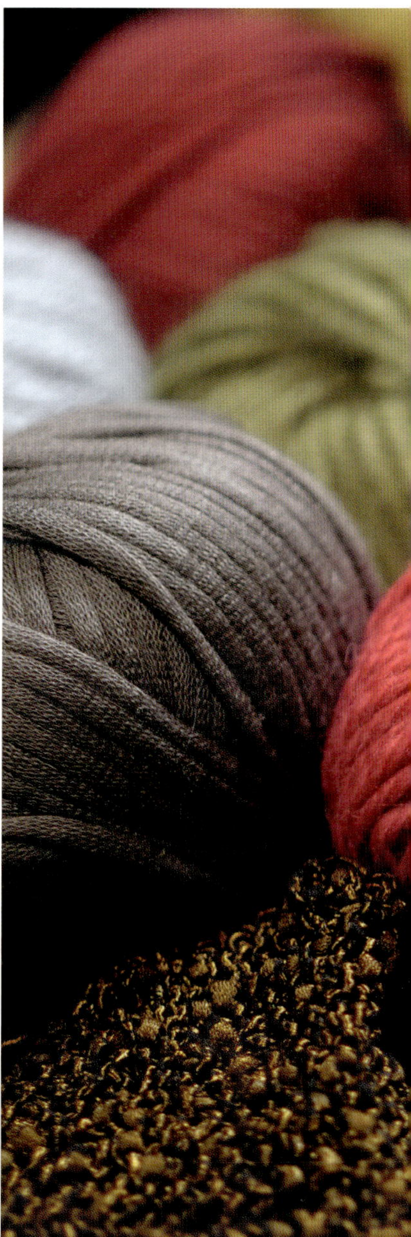

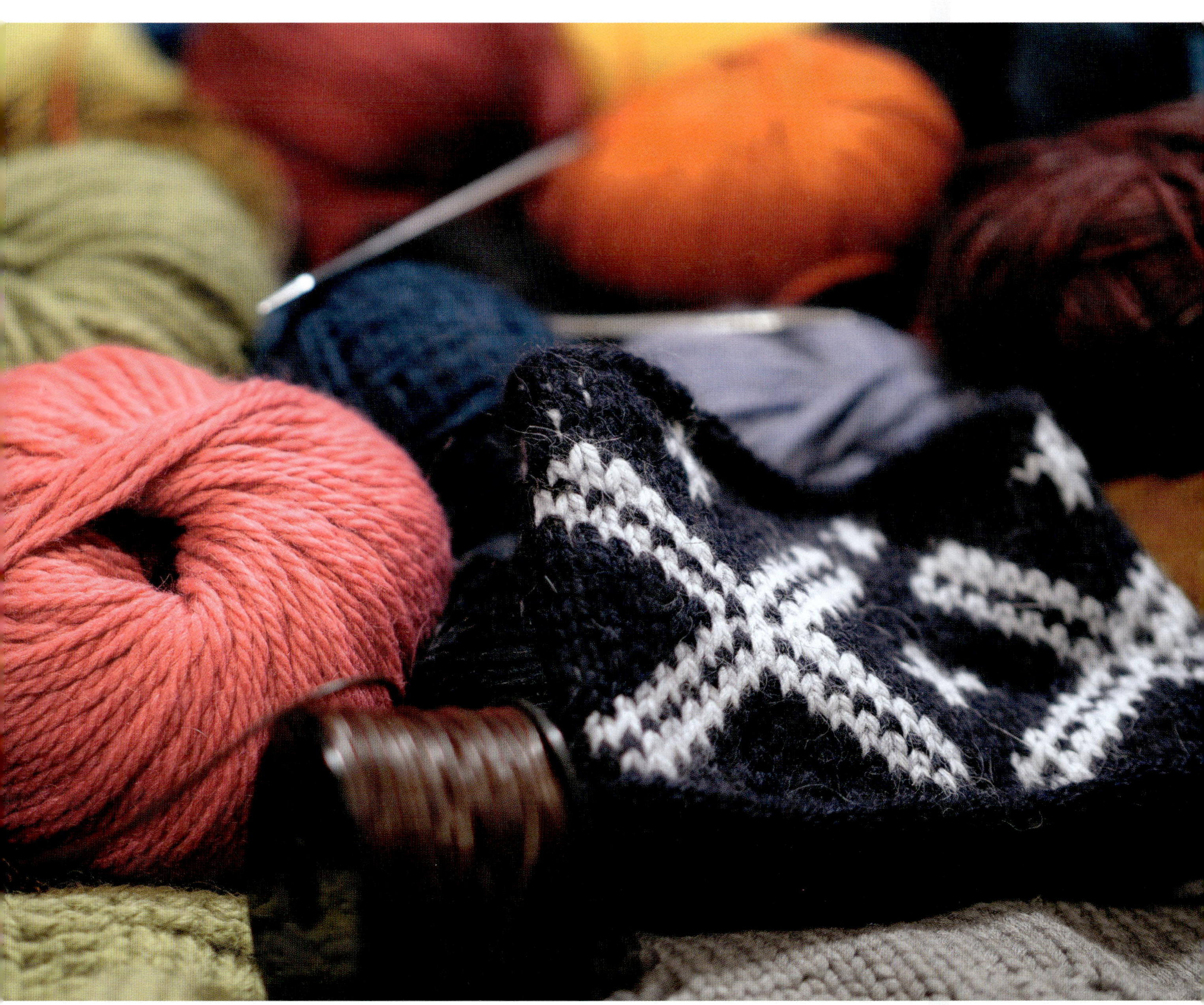

Türkischer Maschenanschlag

Der türkische Maschenanschlag eignet sich besonders gut, wenn du ein an einer Seite geschlossenes Strickstück in Runden arbeiten willst. Das können Toe-up Socken sein, ein Rucksack oder eine Kissenhülle. Die Anschlagskante ist unsichtbar und auch nicht zu erfühlen – gerade für Socken hast du also an den Zehen nichts, was drücken könnte.

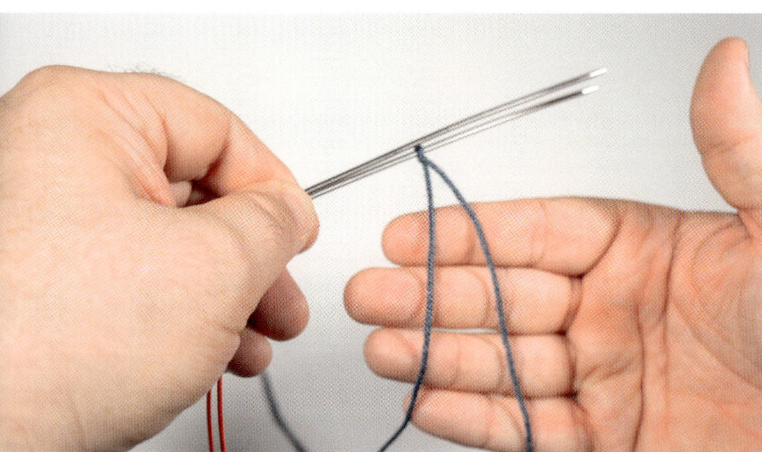

SCHRITT 1:
Bilde eine Knotenschlinge, indem du eine Schlaufe legst und den Faden hindurchziehst (genauso wie die Anfangsschlinge beim Häkeln). Die entstandene Knotenschlinge schiebst du auf deine Rundstricknadel und ziehst sie fest.

1

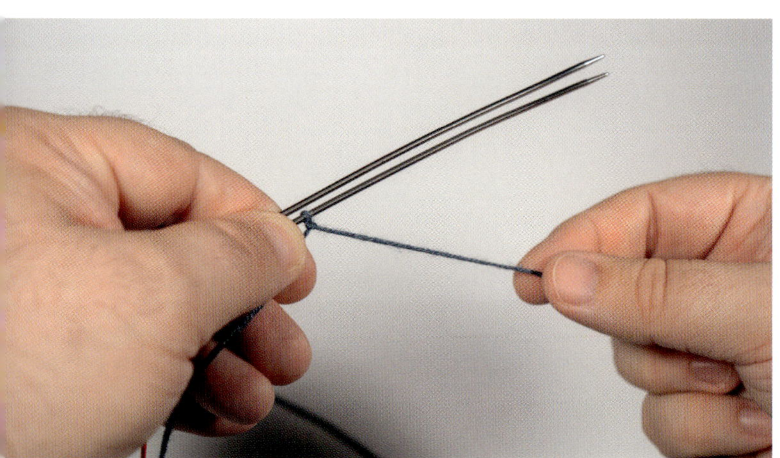

SCHRITT 2:
Lege die zweite Nadelspitze parallel neben die erste Nadelspitze. Du hast beide Nadeln in der linken Hand, die Knotenschlinge liegt auf der unteren Nadel.

2

SCHRITT 3:

Jetzt wickele den Faden von hinten nach vorn so oft um die beiden Nadelspitzen wie du Maschen pro Nadel brauchst. Bei den Rucksäcken hier im Buch brauchst du insgesamt 128 Maschen, das sind 64 Maschen pro Nadel, du wickelst also 64-mal um die beiden Spitzen.

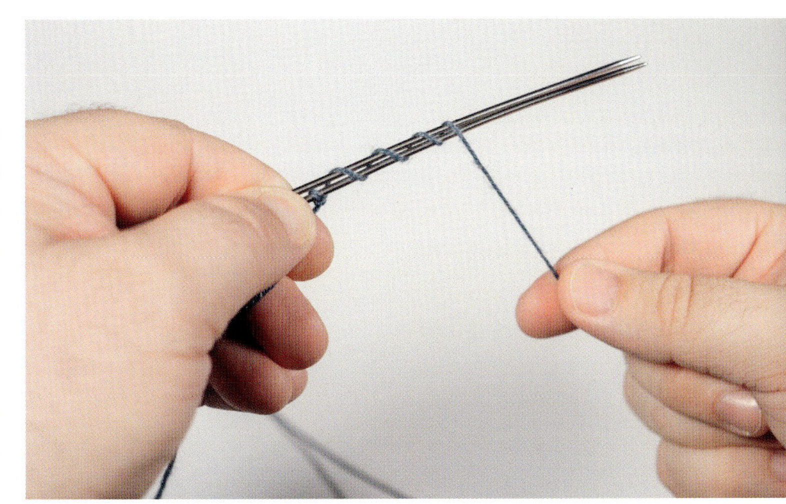

3

SCHRITT 4:

Ziehe nun die untere Nadel nach vorne raus und stricke mit der Magic Loop Methode die Maschen der oberen Nadel laut Anleitung ab. Magic Loop Methode bedeutet, dass du in Runden strickst und dafür nur eine Rundstricknadel verwendest. Das Seil der Nadel muss dafür so lang sein, dass Du links und rechts jeweils eine Schlaufe mit dem Seil bilden kannst – das ist der Magic Loop. Durch diese Schlaufen kannst du bequem mit nur einer Nadel stricken.

Danach strickst du die Maschen der zweiten Nadel laut Anleitung ab. Lasse die Knotenschlinge vom Anfang von der Nadel gleiten. Den Knoten kannst du auflösen, denn diese Masche brauchst du nicht mehr.

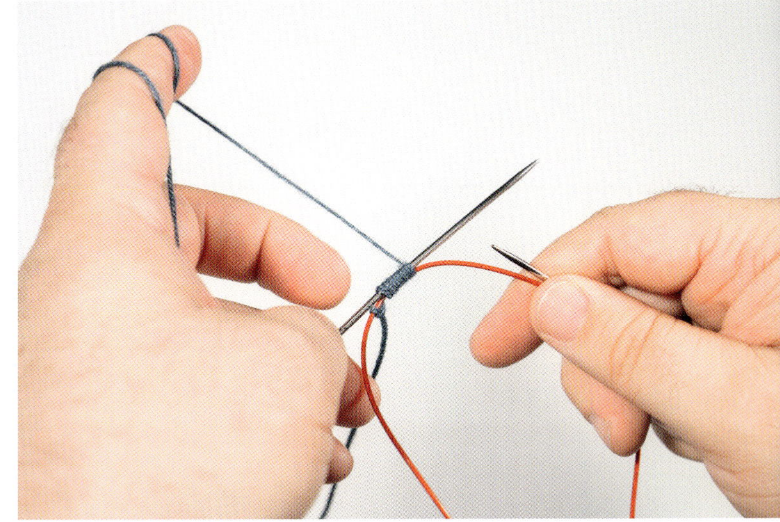

4

Wenn du dir die Technik lieber als Video anschauen möchtest, findest du ein Online-Tutorial hier:

Zunahmetechnik KLL KRL

KLL und KRL sind Zunahmetechniken, die bei glatt rechts gestrickten Projekten besonders sauber aussehen. Die Abkürzungen stehen für die englischen Begriffe »Knit Left Loop« bzw. »Knit Right Loop«, was übersetzt bedeutet »Strick die linke Schlaufe« bzw. »Strick die rechte Schlaufe«.

Die Zunahme findet dabei aus der darunterliegenden Masche statt bzw. sogar noch aus der 2 Reihen darunter liegenden Masche.

KLL

Mit KLL wird am Anfang der Nadel zugenommen.

SCHRITT 1:

Stricke 2 Maschen rechts.

SCHRITT 2:

Steche nun mit der linken Nadel von hinten in den seitlichen linken Schenkel der Masche, die 2 Reihen unter der gerade gestrickten Masche liegt und hole diesen Schenkel auf deine linke Nadel.

SCHRITT 2:

Stricke den Schenkel rechts ab.

KRL:

Mit KRL nimmst du am Ende der Nadel zu.

SCHRITT 1:

Stricke alle Maschen, bis auf die letzten beiden, auf der Nadel ab.

SCHRITT 2:

Jetzt stichst du mit der rechten Nadel in den rechten Schenkel der Masche, die unter der als nächstes zu strickenden Masche liegt. Diesen Schenkel holst du auf die linke Nadel und strickst ihn rechts ab.

TIPP:

Du kannst beide Schenkel auch rechts verschränkt abstricken, wenn dir das im Maschenbild besser gefällt oder du sehr locker strickst. Ich stricke KLL rechts und KRL rechts verschränkt ab.

Wenn du dir die Technik lieber als Video anschauen möchtest, findest du ein Online-Tutorial hier:

Elastisches Abketten

Elastisch Abketten ist insbesondere bei Socken und Tüchern ganz wichtig, damit die Abschlusskante dehnbar ist.

SCHRITT 1:
Stricke zunächst die ersten beiden Maschen rechts ab.
Schiebe im Anschluss beide Maschen zurück auf die linke Nadel und stricke diese rechts verschränkt zusammen ab.

SCHRITT 2:
Die nächste Masche wird wieder ganz normal rechts gestrickt.
Schiebe nun beide Maschen von der rechten zurück auf die linke Nadel und stricke diese rechts verschränkt zusammen ab.

SCHRITT 3:
Wiederhole Schritt 2 bis alle Maschen abgekettet sind.

HINWEIS:
Bei dieser Technik solltest du die Maschen nicht zu locker stricken, da der Rand sonst zu weit wird. Das könnte z. B. dazu führen, dass Sockenbündchen an der Abkettkante kelchförmig auseinandergehen. Passiert dir das, dann kette nochmal mit fester gestrickten Maschen ab.

Wenn du dir die Technik lieber als Video anschauen möchtest, findest du ein Online-Tutorial hier:

Maschen aufstricken

Wenn du am Ende einer Reihe mehrere Maschen zunehmen willst, kannst du diese Maschen aufstricken.

SCHRITT 1:

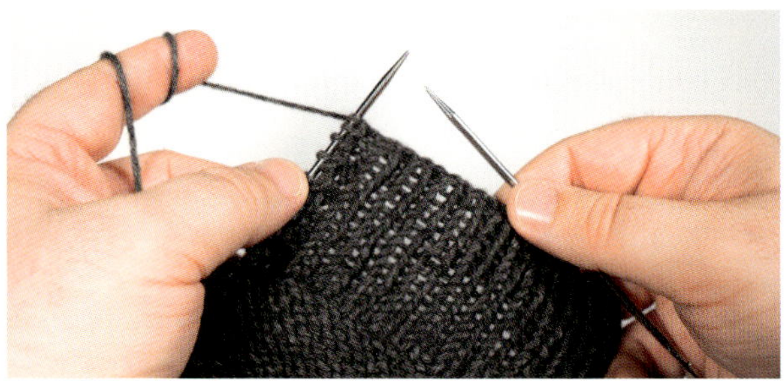

Stricke die Reihe bis zum Ende und wende das Strickstück.

1

SCHRITT 2:

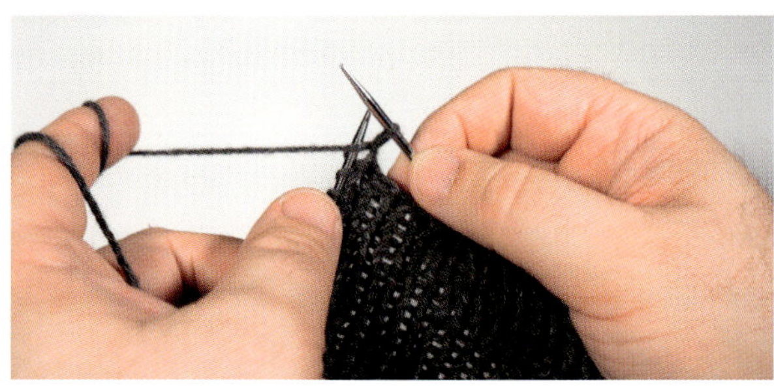

Dann stichst du in die erste Masche hinein, wie du es zum rechts stricken tun würdest. Hole den Faden durch die rechte Masche, lasse aber die Schlaufe nicht von der Nadel gleiten.

2

SCHRITT 3:

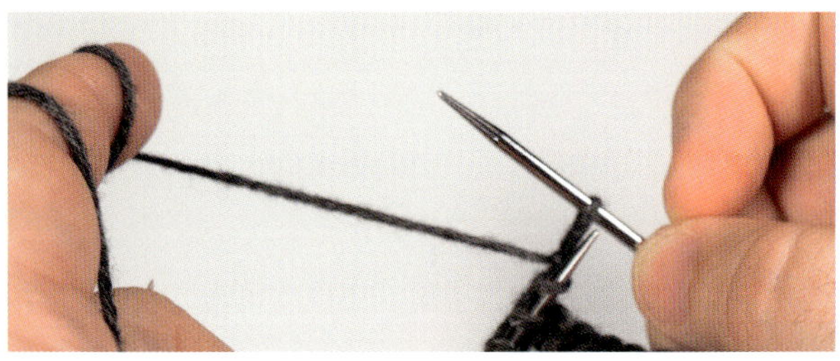

Jetzt stichst du mit der linken Nadel von rechts in die Schlaufe auf der rechten Nadel und hebst sie auf die linke Nadel.

3

SCHRITT 4:

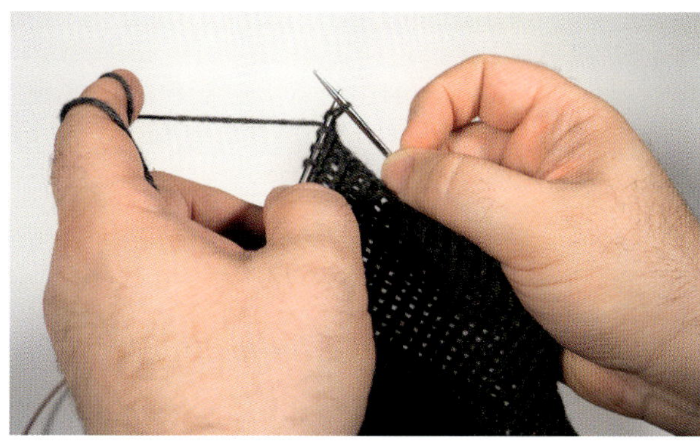

Die Schlaufe wird so verdreht zu einer neuen zusätzlichen Masche.

4

SCHRITT 5:

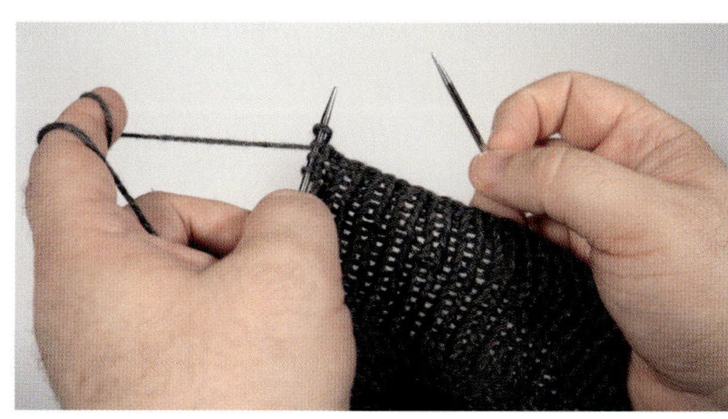

Jetzt beginnst du wieder von vorne (bei Schritt 1).

5

SCHRITT 6:

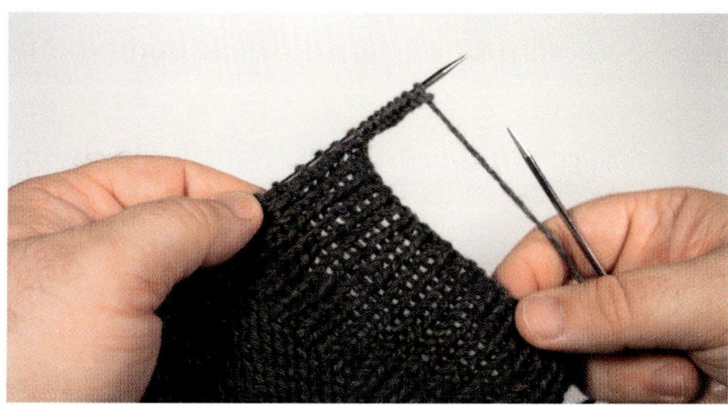

Wiederhole die Schritt 1-4 so oft, wie du Maschen aufstricken möchtest.

6

Quasten herstellen

Quasten sind ein echter Hingucker und sehr einfach zu fertigen. Alles, was du brauchst, ist Garn und ein Stück Pappe, das so hoch wie deine fertige Quaste sein sollte.

SCHRITT 1:

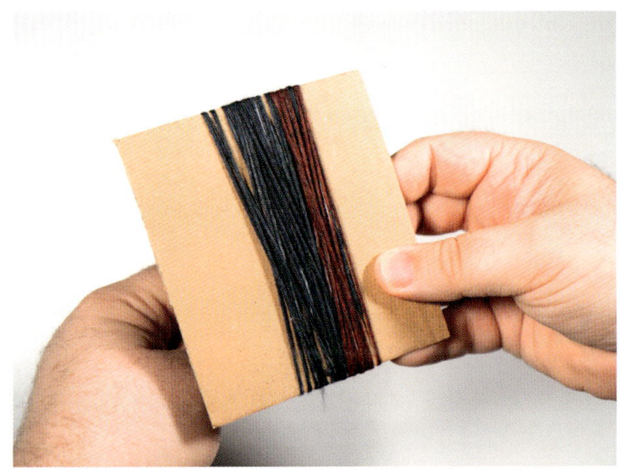

Wickele die gewünschte Wolle so oft um die Pappe, wie die Quaste an Volumen haben soll.

1

SCHRITT 2:

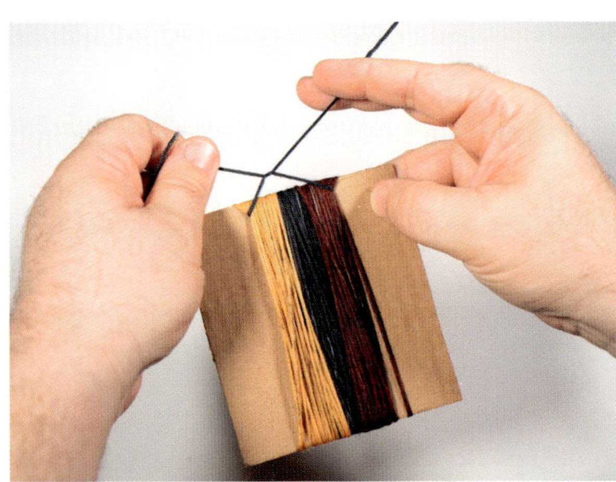

Ziehe mit einer Stopfnadel deinen Wollfaden durch den Strang und verknote ihn. Einen Faden ziehst du mit der Nadel nach unten, den zweiten Faden ziehst du nach oben.

2

SCHRITT 3:

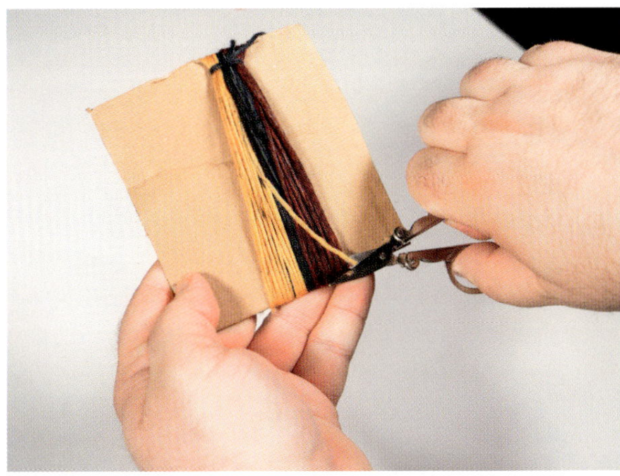

Schneide nun deinen Strang unten an der Pappe entlang auf.

3

SCHRITT 4:

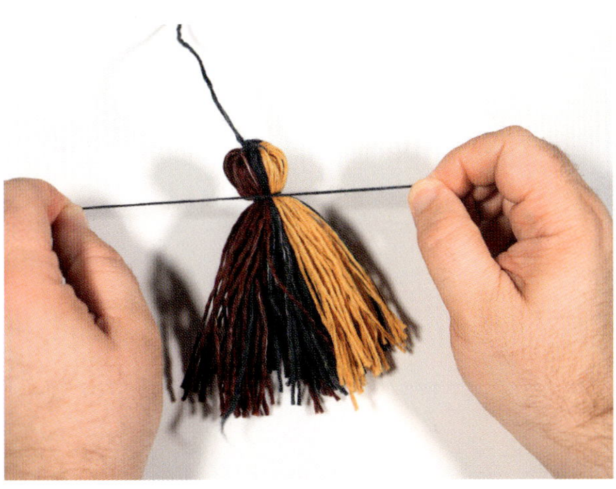

Etwa 2 cm von der oberen Kante knotest du den Strang mit einem separaten Wollfaden zusammen.

4

SCHRITT 5:
Zum Schluss schneidest du alle Fäden auf eine Länge und befestigst die Quaste an deinem Strickstück. Verwende dafür den Faden, mit dem du den Strang abgebunden hast.

5

Steeken

Steeken ist eine skandinavische Technik, bei der in einem Strickstück zusätzliche Maschen aufgenommen werden, um später an dieser Stelle das Strickstück zu teilen. Diese Methode wird gern beim mehrfarbigen Stricken, sogenanntem stranded colorwork, angewendet. Stranded colorwork wird in der Regel in Runden gestrickt, damit man mit gleichbleibender Fadenspannung arbeiten kann und immer auf die rechte Seite der Arbeit schaut. Um z. B. auch Jacken rund zu stricken, wird in der vorderen Mitte ein sogenannter »Steek« eingearbeitet. An diesem Steek werden auf beiden Seiten die Maschen gesichert und das Strickstück aufgeschnitten. Die zusätzlichen Maschen werden im Anschluss nach innen umgeschlagen und dort als Blende festgenäht. In den Anleitungen gibt es einen Schal, der rund gestrickt und später gesteekt wird. Das Musterstück folgt der Anleitung für den Schal. Ich tauschte nur die Hintergrundfarbe Schwarz gegen Dunkelblau aus, damit die Technik auf den Bildern besser zu erkennen ist.

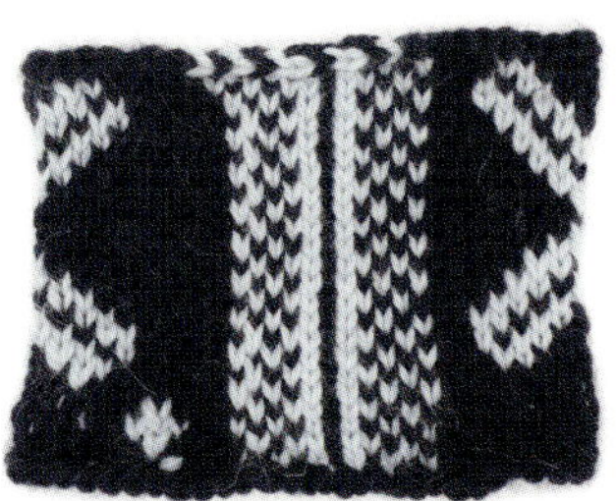

SCHRITT 1:
Alle Fäden vernähen.

1

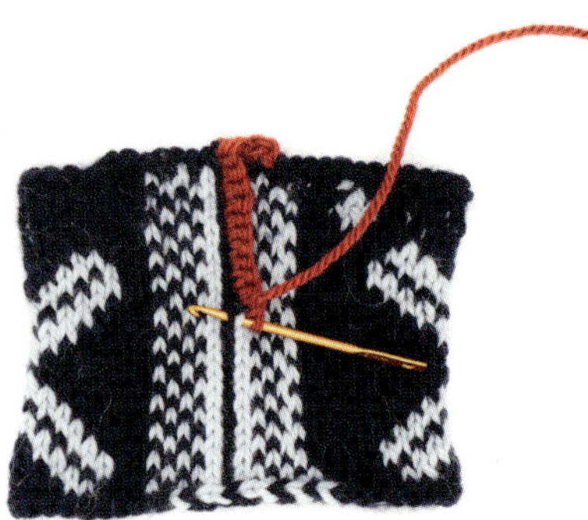

SCHRITT 2:
Häkel mit einer zur Stärke des Garns passenden Häkelnadel eine Reihe fester Maschen U-förmig um den Steek. Dazu wird als Garn meist das Hintergrundgarn gewählt. Zur besseren Veranschaulichung verwendete ich im Beispiel eine dritte Farbe.
Die festen Maschen am Rand dienen zur Fixierung des Fadens. Um den Steek zu sichern, häkelst du die nebeneinanderliegenden äußeren Schenkel der mittleren Masche und der danebenliegenden Masche zusammen, also immer zwei unterschiedlich farbige Schenkel.

2

SCHRITT 3:

Du häkelst so auf beiden Seiten, damit beide Schenkel der Mittelmasche gesichert sind.

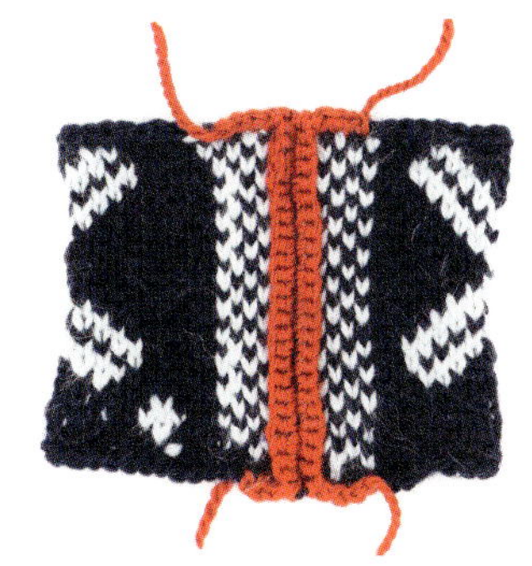

3

SCHRITT 4:

Schneide jetzt die Querfäden der Mittelmasche vorsichtig mit einer scharfen Schere durch, um den Steek zu teilen. Dein Strickstück ist nun geteilt.

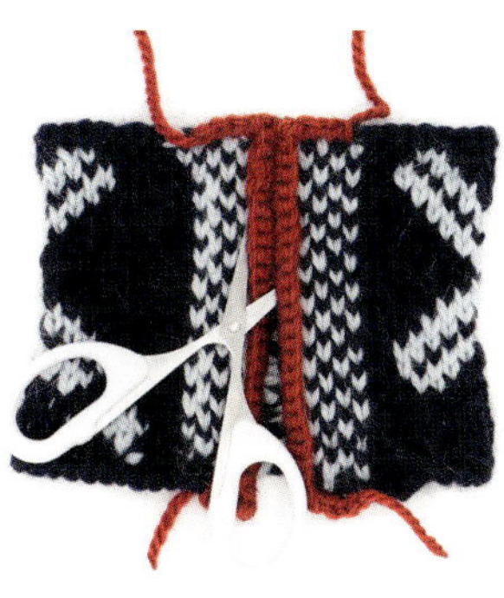

4

SCHRITT 5:

Du klappst die Blende auf die linke Seite um und nähst den Steek fest.

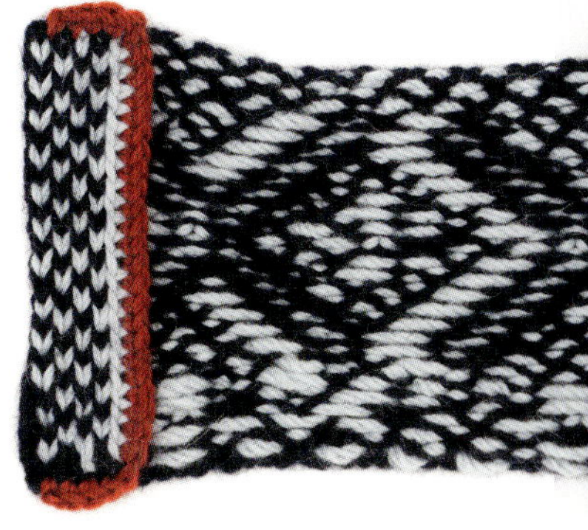

5

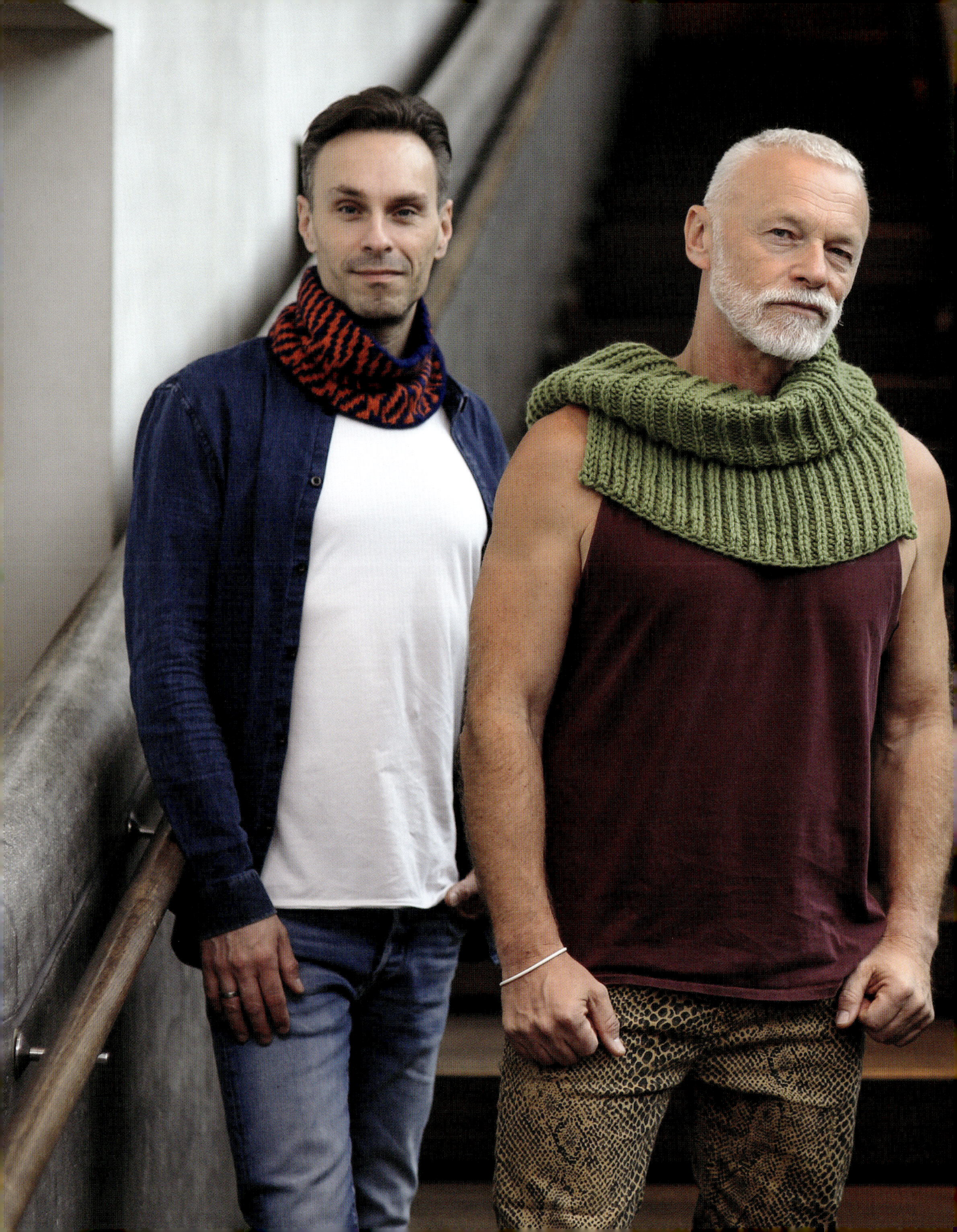

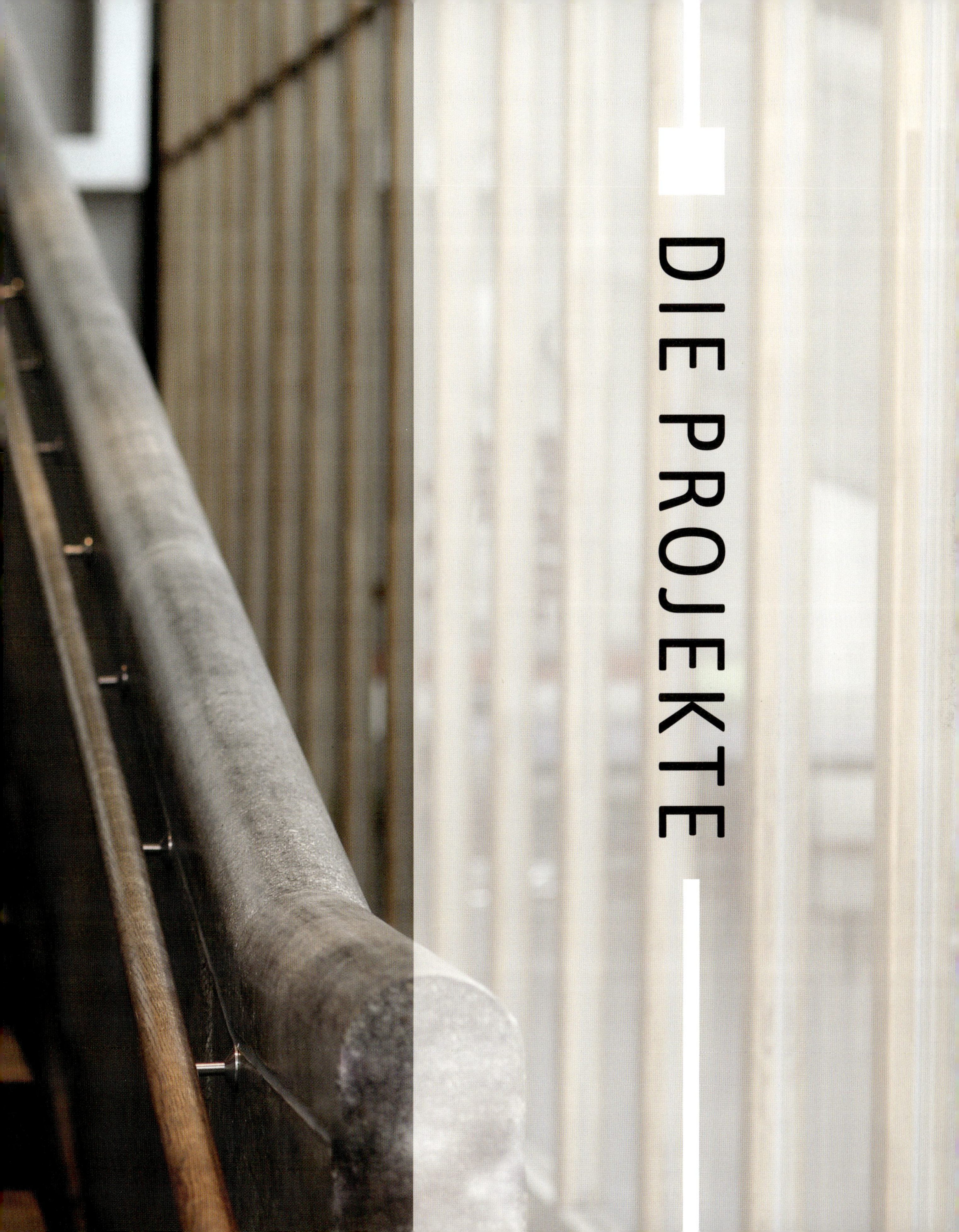

DIE PROJEKTE

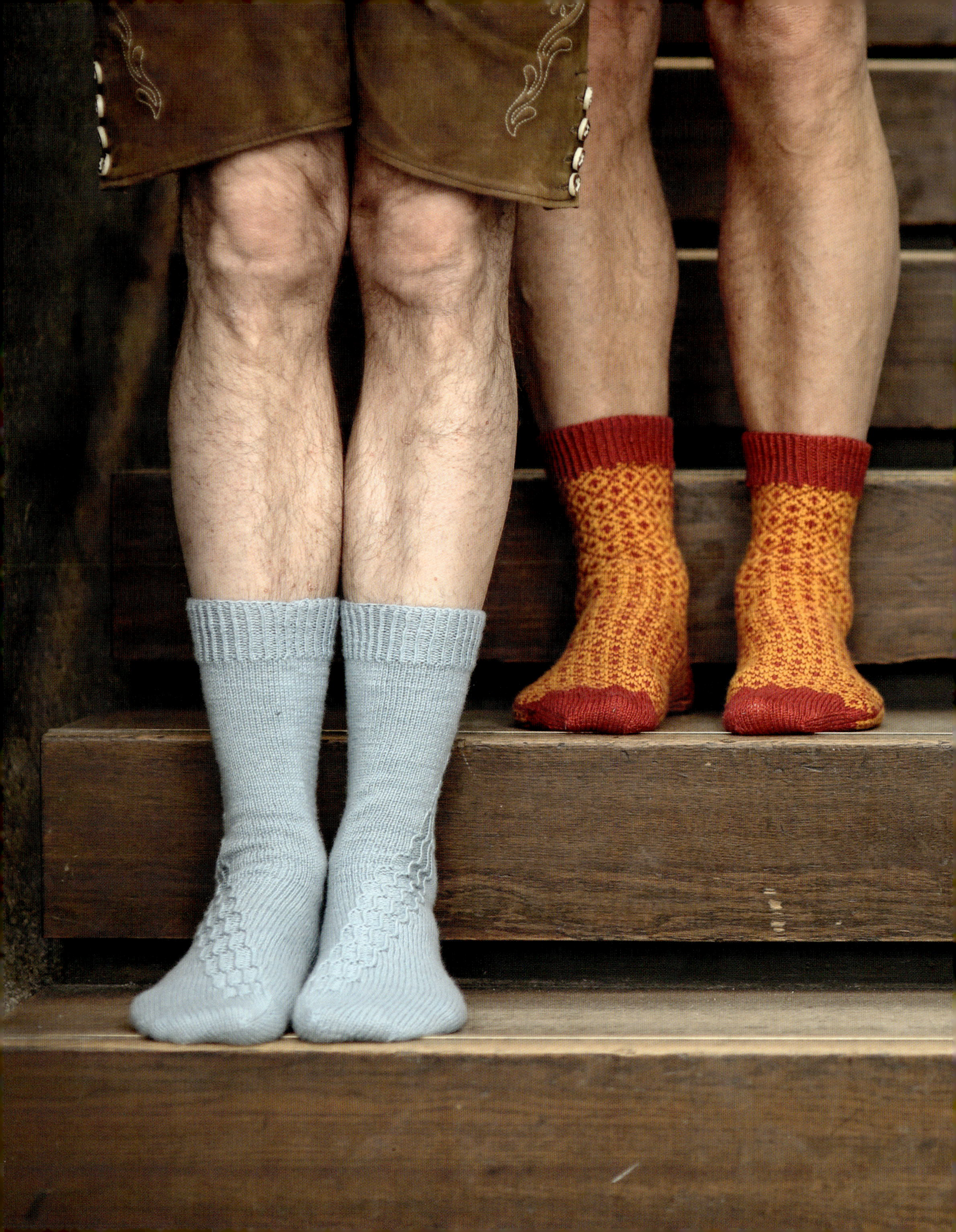

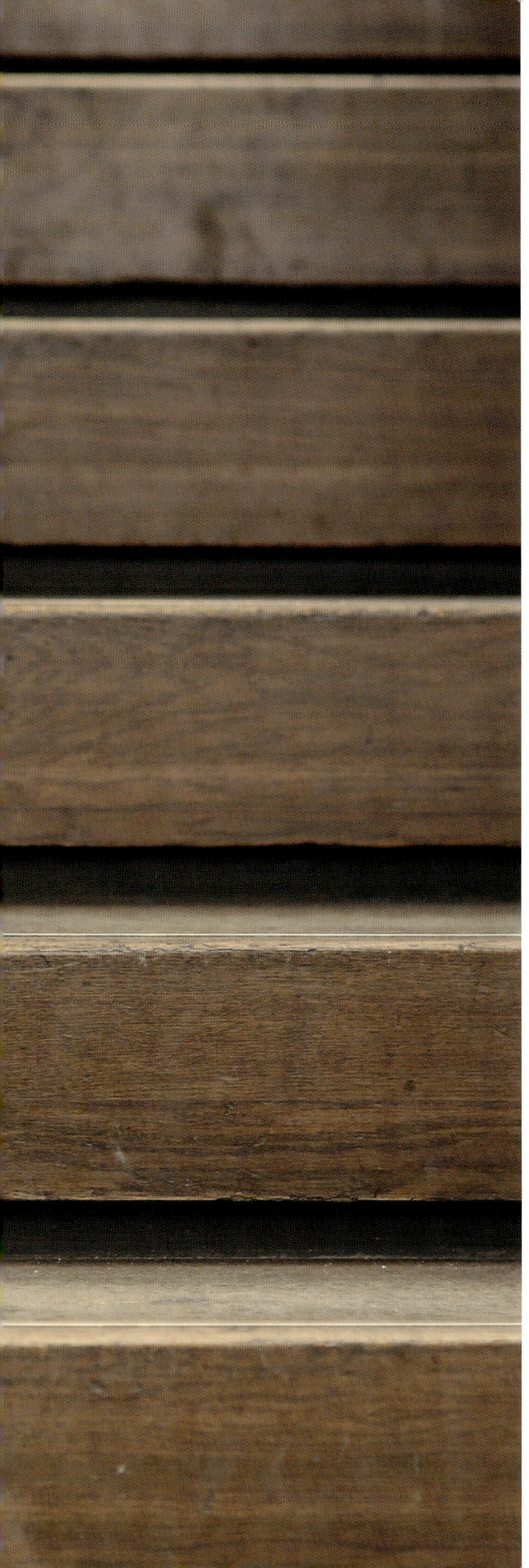

Hingucker & Männerpracht

Selbstgestrickte Socken sind perfekte Geschenke und dürfen auch ein bisschen edel sein. Diese Socken sind aus einer Schurwolle-Seide-Mischung von Schachenmayr aus der Krönchen Kollektion.

Entweder einfarbig mit einem dezenten Hingucker-Muster oder bunt in königlicher Pracht – was wird dein nächstes Geschenk?

Die Socken werden Toe-up gestrickt auf der Rundstricknadel und sitzen aufgrund der anatomischen Ferse besonders gut.

Anatomische Ferse bedeutet, dass die Socke im Profil so geformt ist wie dein Fuß – also mit einer Innenwölbung, die dann zur Ferse übergeht.

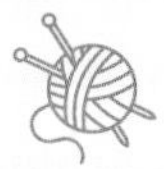

HINGUCKER

Garn

Regia Premium Silk von Schachenmayr
(55% Wolle, 25 % Polyamid, 20 % Seide, 100 g/400 m)
1 x pastell turqouise (60)

Werkzeug

Rundstricknadel NS 2,5 mit 80 cm Seil

Größe

Größe 39-46

Maschenprobe

30 Ma, 42 R in NS 2,5 glatt re sind 10 x 10 cm

Anmerkung

Die Socken werden Toe-up mit Magic Loop gestrickt. Bei dieser Methode werden die Seilenden auf beiden Seiten zu einer Schlaufe gelegt, so dass du mit den Nadeln bequem stricken kannst. Dafür muss das Seil am besten 80 cm lang sein. Da Toe-up gestrickt wird, beginnst du an der Spitze und verteilst die Maschen in zwei Bereiche auf deiner Rundstricknadel. So hast du auf der einen Seite deine Sohlen- und auf der anderen Seite deine Oberfußmaschen.

> HINWEIS:
> Eine Runde besteht immer aus dem Abstricken von zwei Nadeln. Wenn in der Anleitung angegeben ist, bis zum Ende der Nadel zu stricken, ist das nur eine halbe Runde.

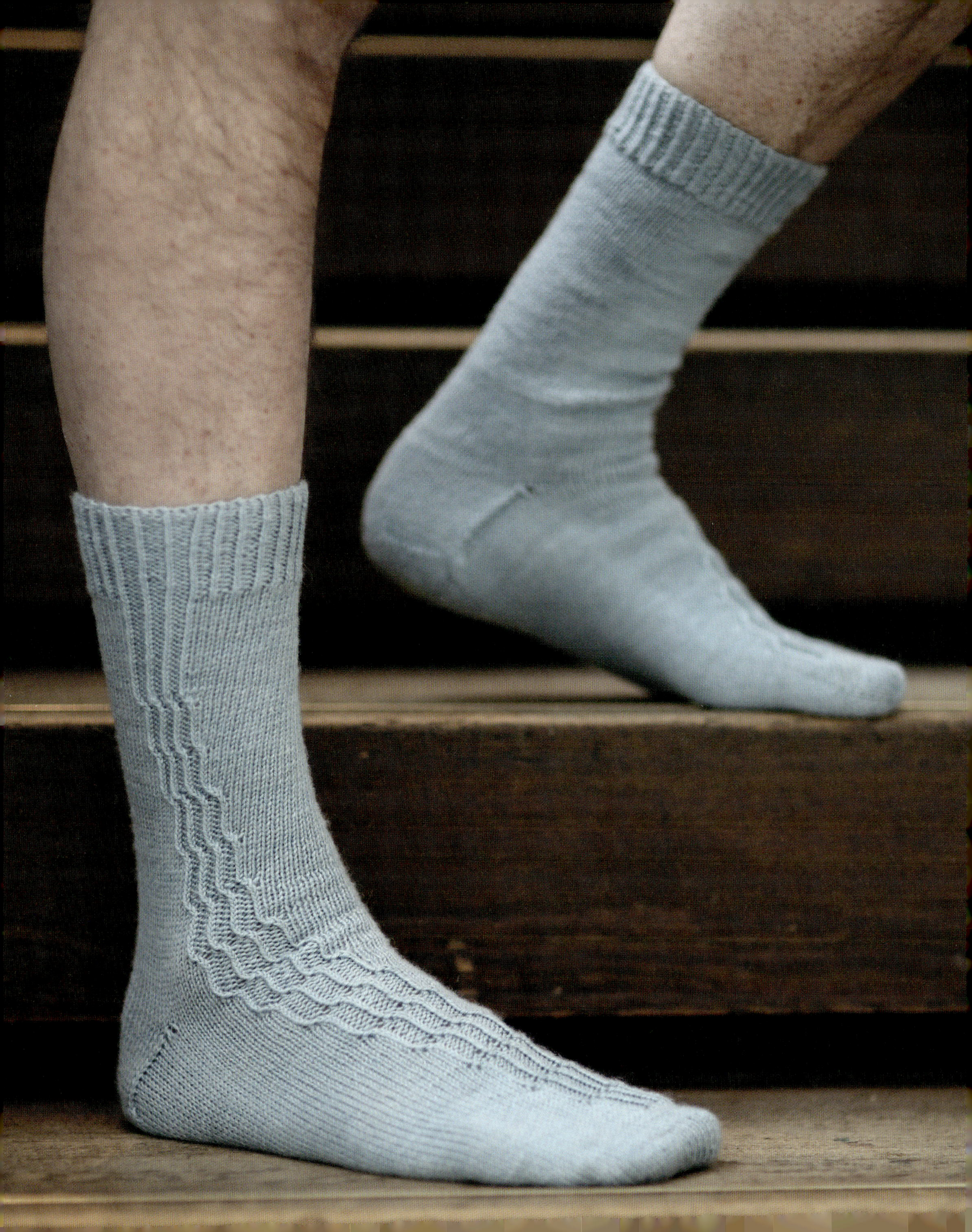

CHART LINKE SOCKE

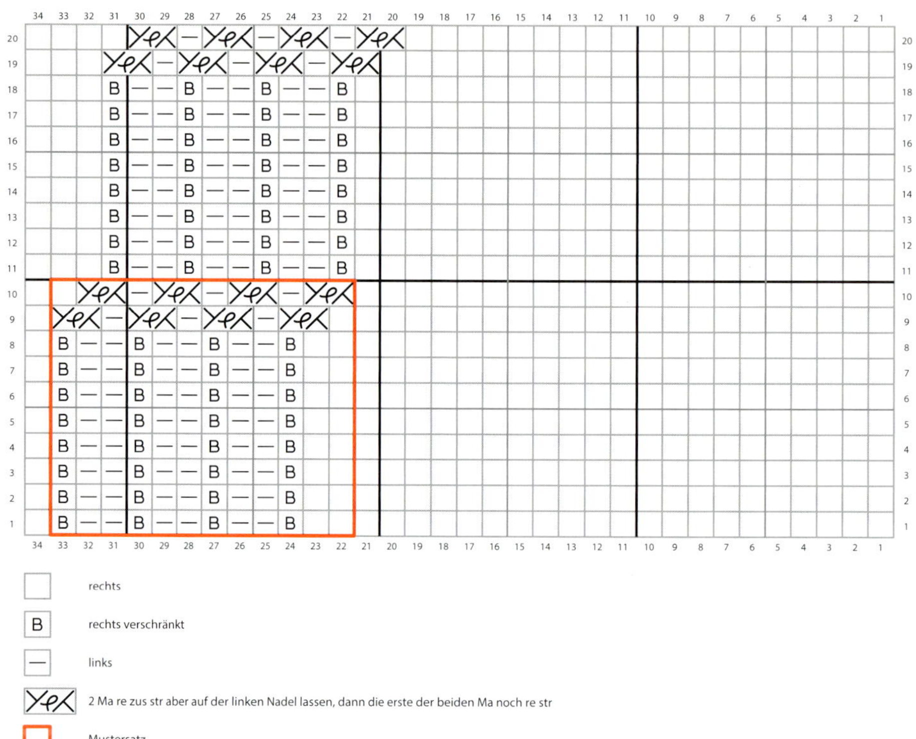

CHART RECHTE SOCKE

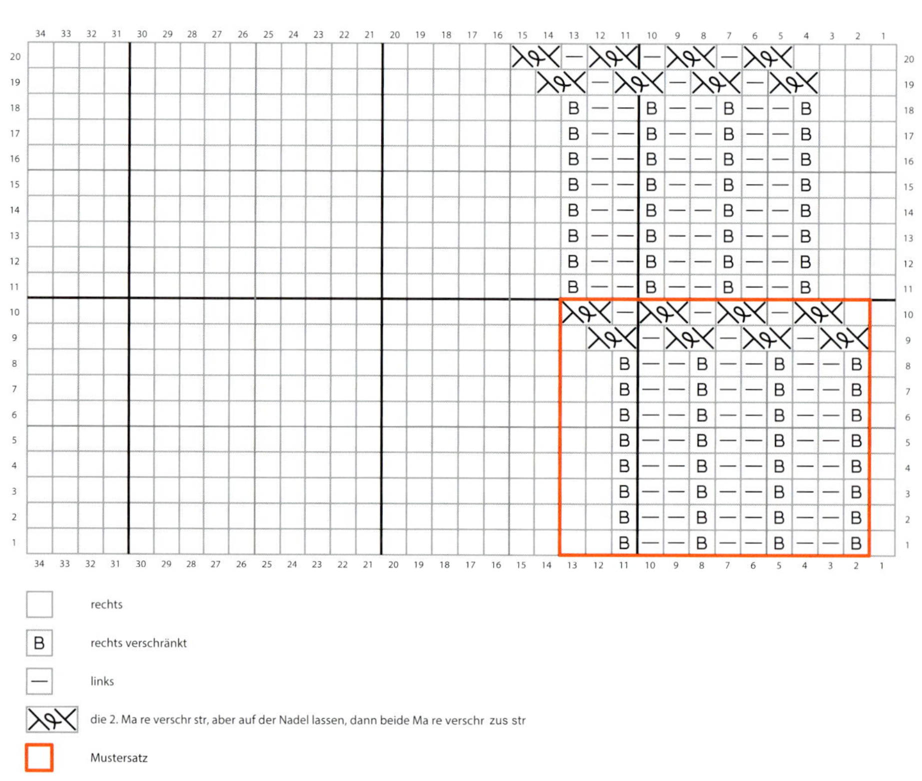

Türkischer Maschenanschlag

2x14 Ma im türkischen Maschenanschlag anschlagen, siehe dazu auch das Kapitel »Türkischer Maschenanschlag«.

Fußteil stricken

Nach dem Anschlag nimmst du an den Außenkanten von beiden Nadeln zu. Die Zunahmetechnik KLL bzw. KRL findest du unter »Zunahmetechnik KLL KRL«.

1. Rd	alle Ma re
2. Rd	alle Ma re
3. Rd	2 Ma re, KLL, re str bis vor die vorletzte Ma der Nadel, KRL, 2 Ma re. Die Ma auf der 2. Nadel genauso str
4. Rd	Rd alle Ma re

Die 3. und 4. Rd. wdh bis du insgesamt 68 Ma hast.

Jetzt ohne Zunahmen das Muster nach Chart weiter str. Die Muster sind auf dem rechten und linken Socken jeweils spiegelverkehrt, deswegen gibt es für jeden Socken einen eigenen Chart.

Das Muster verschiebt sich nach jedem Mustersatz um 2 Maschen, auf diese Weise wandert es vom Großzeh über den Oberfuß bis an die Außenseite. Du strickst den Mustersatz des Charts insgesamt 14-mal, danach wiederholst du nur die Runden 1-8 bis zum Abketten.

Zwickel

Der Zwickel ist eine keilförmige Maschenzunahme, die nur auf der Sohlennadel gestrickt wird. Das bedeutet, auf der Sohlennadel nimmt die Anzahl der Maschen zu und auf der Oberfußnadel bleibt die Anzahl der Maschen gleich. Du strickst dabei weiterhin in Runden.

Du beginnst den Zwickel für Gr. 39/40 nach 14,5 cm, für 41/42 nach 15,5 cm, für 43/44 nach 16,5 cm und für 45/46 nach 17,5 cm. Dann strickst du wie folgt:

1. Rd	17 Ma str, 1 KLL, 1 Ma str, 1 KRL, 16 Ma str. 2. Nadel ohne Zun str
2. Rd	Ruherunde – alle Ma im Muster str
3. Rd	17 Ma str, 1 KLL, 3 Ma str, 1 KRL, 16 Ma str. 2. Nadel ohne Zun str
4. Rd	Ruherunde
5. Rd	17 Ma str, 1 KLL, 5 Ma str, 1 KRL, 16 Ma str. 2. Nadel ohne Zun str
6. Rd	Ruherunde
7. Rd	17 Ma str, 1 KLL, 7 Ma str, 1 KRL, 16 Ma str. 2. Nadel ohne Zun str
8. Rd	Ruherunde
9. Rd	17 Ma str, 1 KLL, 9 Ma str, 1 KRL, 16 Ma str. 2. Nadel ohne Zun str
10. Rd	Ruherunde
11. Rd	17 Ma str, 1 KLL, 11 Ma str, 1 KRL, 16 Ma str. 2. Nadel ohne Zun str
12. Rd	Ruherunde
13. Rd	17 Ma str, 1 KLL, 13 Ma str, 1 KRL, 16 Ma str. 2. Nadel ohne Zun str
14. Rd	Ruherunde
15. Rd	17 Ma str, 1 KLL, 15 Ma str, 1 KRL, 16 Ma str. 2. Nadel ohne Zun str
16. Rd	Ruherunde
17. Rd	17 Ma str, 1 KLL, 17 Ma str, 1 KRL, 16 Ma str. 2. Nadel ohne Zun str
18. Rd	Ruherunde
19. Rd	17 Ma str, 1 KLL, 19 Ma str, 1 KRL, 16 Ma str. 2. Nadel ohne Zun str
20. Rd	Ruherunde
21. Rd	17 Ma str, 1 KLL, 21 Ma str, 1 KRL, 16 Ma str. 2. Nadel ohne Zun str
22. Rd	Ruherunde
23. Rd	17 Ma str, 1 KLL, 23 Ma str, 1 KRL, 16 Ma str. 2. Nadel ohne Zun str

Jetzt hast du auf der Oberfußnadel 34 Maschen und auf der Sohlennadel 58 Maschen.

Wenn du dir dir Technik für den Zwickel lieber als Video anschauen möchtest, findest du ein Online-Tutorial hier:

Ferse

Die Ferse wird nur auf der Sohlennadel gearbeitet, du strickst also auf dieser Nadel jetzt auch Rückreihen mit linken Maschen. Die Maschen der anderen Nadel strickst du erst wieder mit, wenn deine Ferse fertig ist. Die Ferse wird mit verkürzten Reihen gestrickt, das heißt, du strickst eine Reihe nicht zu Ende, sondern wendest die Arbeit vorher und strickst dann zurück. Damit am Wendepunkt keine Löcher entstehen, arbeitest du nach dem Umdrehen immer zuerst eine Doppelmasche.

Doppelmasche

Der Faden liegt vor der Arbeit. Jetzt hebst du die Masche wie zum links stricken ab und ziehst den Faden über die rechte Nadel so nach hinten, dass die beiden Maschenbögen der darunterliegenden Masche zu sehen sind. Gut festziehen und weiterstricken. Dabei ist es egal, ob es sich um eine linke oder rechte Masche handelt. Wichtig ist, auch in der Hinreihe bei der rechten Masche den Faden vor die Arbeit zu legen und die Masche wie zum linksstricken abzuheben.

1. Rd	45 Ma str, wenden
2. Rd	DM, 31 Ma li, wenden
3. Rd	DM, alle Ma re bis zur DM, wenden
4. Rd	DM, alle Ma li bis zur DM, wenden

Die 3. und 4. R solange wiederholen, bis sich auf jeder Seite 10 Doppelmaschen befinden.

Wenn du dir die Technik »Doppelmasche« lieber als Video anschauen möchtest, findest du ein Online-Tutorial hier:

Doppelmaschen abstricken

1. Rd	(Vorderseite): alle Ma re, 9 DM re verschr zus str., die letzte DM mit der nachfolgenden Ma re verschr zus str, wenden
2. Rd	(Rückseite): 1 Ma wie zum li str abh, Faden gut festziehen. Alle Ma li, 9 DM li zus str, die letzte DM mit der nachfolgenden Ma li zus str, wenden
3. Rd	1 Ma wie zum re str abh, Faden gut festziehen. Alle Ma re bis zur letzten Ma vor der Lücke (wo du zuvor die letzte DM zusammen gestrickt hast), die beiden Ma vor und nach der Lücke re verschr zus str, wenden
4. Rd	1 Ma wie zum li str abh, Faden gut festziehen. Alle Ma li bis zur letzten Ma vor der Lücke, die beiden Ma vor und nach der Lücke li zus str, wenden

Die 3. und 4. Reihe solange wdh, bis du noch 36 Ma auf der Nadel hast.

Schaft

Ab jetzt wird wieder in Runden gestrickt. Dabei in der ersten Runde auf jeder Seite an den Lücken noch 1 Ma zus str. Nun hast du wieder 68 Maschen auf der Nadel und strickst weiter im Muster.

Stricke den Schaft gemessen ab Beginn der Ferse für Gr. 39/40 25 cm, für Gr. 41-44 26 cm und für Gr. 45/46 27 cm.

Bündchen

Das Bündchen strickst du (außer an der Stelle, an der sich das Muster befindet) wie folgt: 1 Ma re verschr, 1 Ma li im Wechsel. An der Stelle, an der das Muster verläuft, setzt du das Muster im Bündchen fort. Nach 4 cm werden alle Maschen elastisch abgekettet, siehe dazu auch das Kapitel »Elastisch abketten«.

Fertigstellung

Jetzt sind nur noch die Fäden zu vernähen, fertig ist die Socke! Achte darauf, für die zweite Socke den anderen Chart zu benutzen.

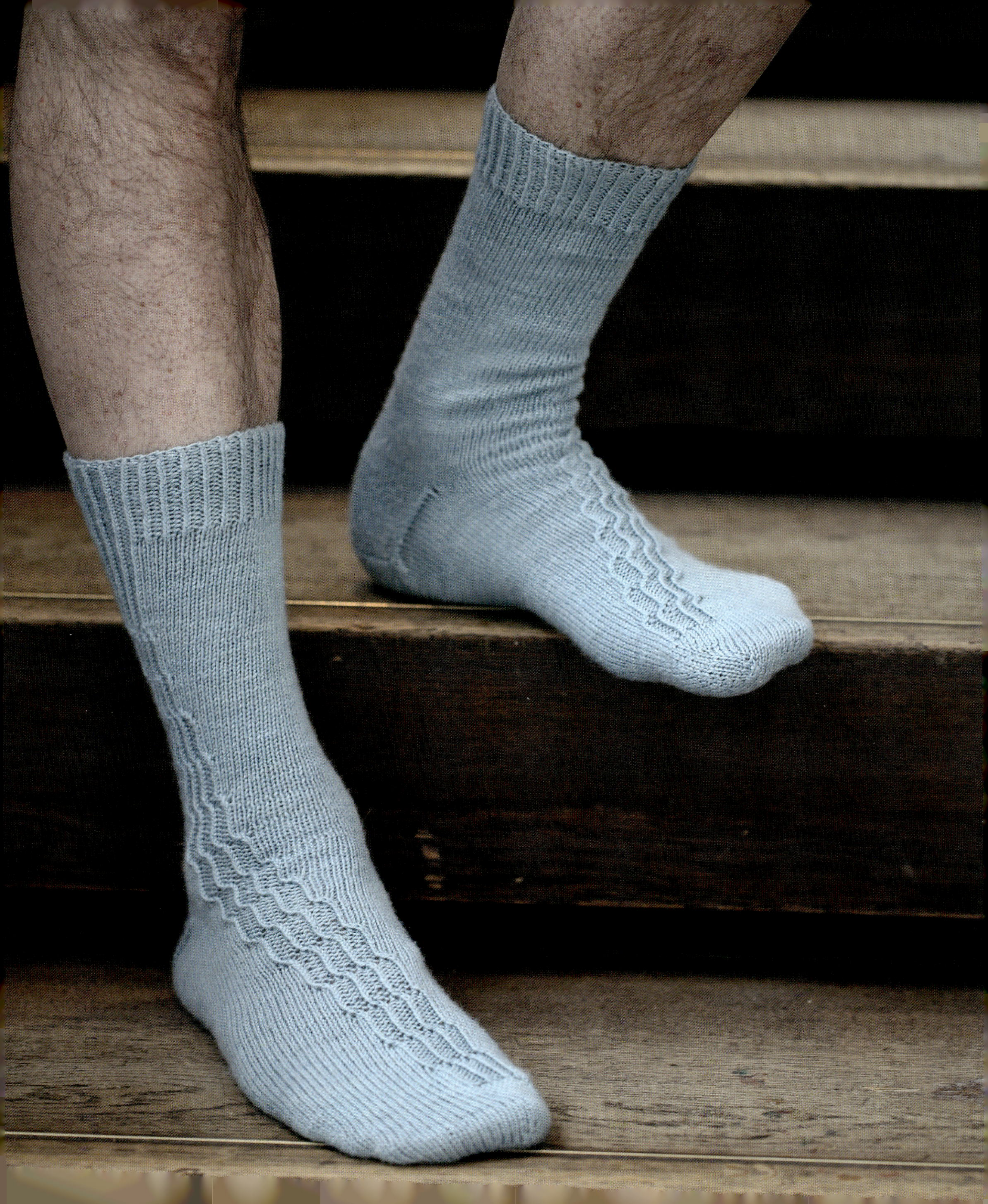

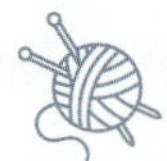

MÄNNERPRACHT

Garn

Regia Premium Silk von Schachenmayr
(55% Wolle, 25 % Polyamid, 20 % Seide, 100 g/400 m)
1 x gold (25)
1 x rose red (80)

Werkzeug

Rundstricknadel NS 2,5 mit 80 cm Seil

Größe

Größe 39-46

Maschenprobe

30 Ma, 42 R in NS 2,5 glatt re sind 10 x 10 cm

Anmerkung

Die Sockenspitze wird genauso angeschlagen und gestrickt, wie bei der Socke Hingucker. Wenn du insgesamt 68 Ma in Rot auf der Nadel hast, sind noch 2 weitere Runden in Rot zu stricken. Dabei in der 2. Runde verteilt über alle Ma 14 Ma zun (82 Ma).

Stranded colorwork Muster

Ab sofort wird nach den Charts gestrickt. Achtung, für Sohle und Oberfuß gibt es unterschiedliche Muster und demnach zwei verschiedene Charts.

TIPP ZUR FADENFÜHRUNG:

Wenn Du mehrfarbig mit zwei Farben strickst, ist es wichtig, den Hintergrundfaden (hier gold) und den Vordergrundfaden (hier rot) immer gleich zu führen. Der Hintergrundfaden sollte immer rechts vom Vordergrundfaden geführt werden – ganz unabhängig davon, ob du die Fäden auf einer oder beiden Händen führst.

Wenn du dir die Fadenführung lieber als Video anschauen möchtest, findest du ein Online-Tutorial hier:

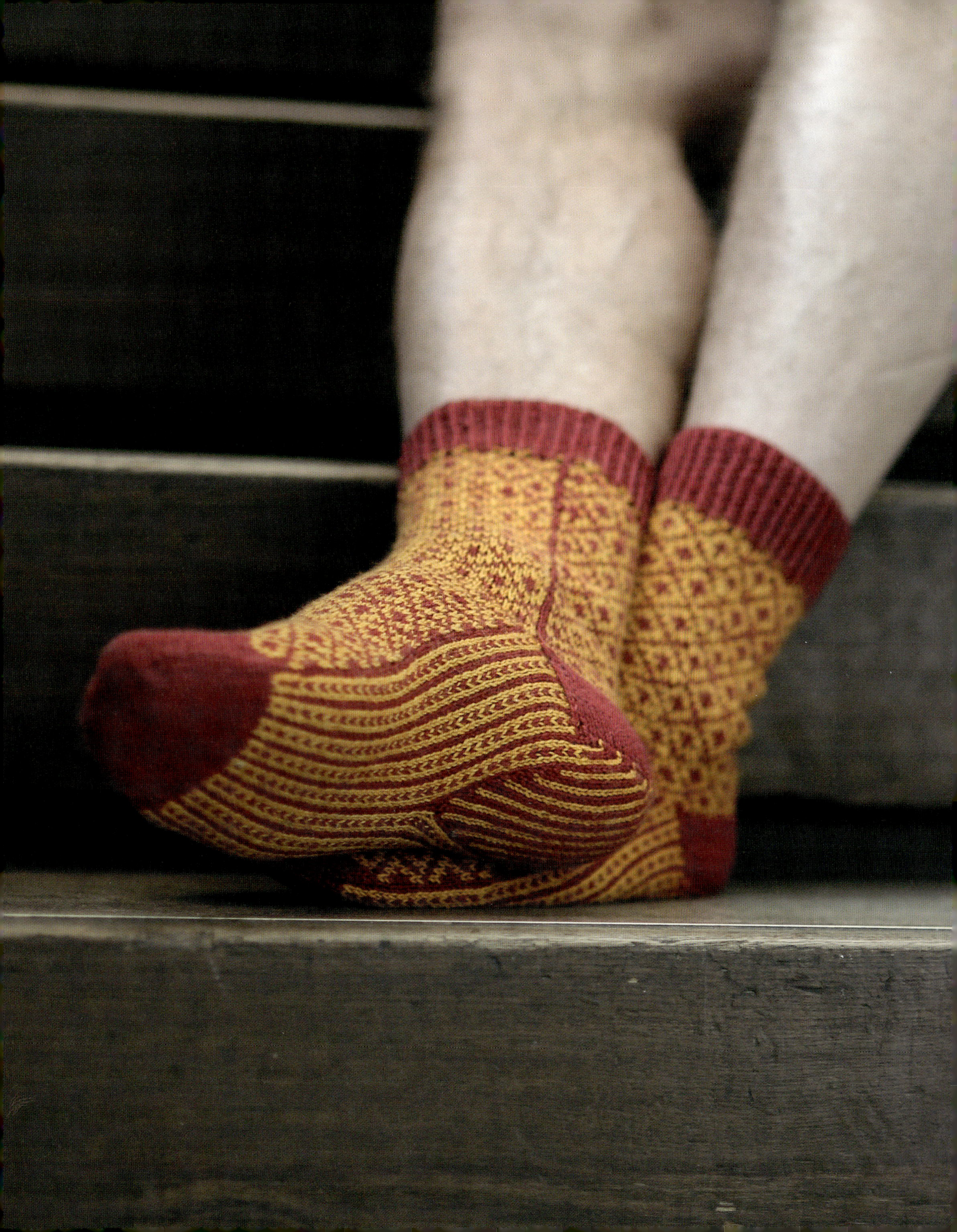

CHART OBERFUSS

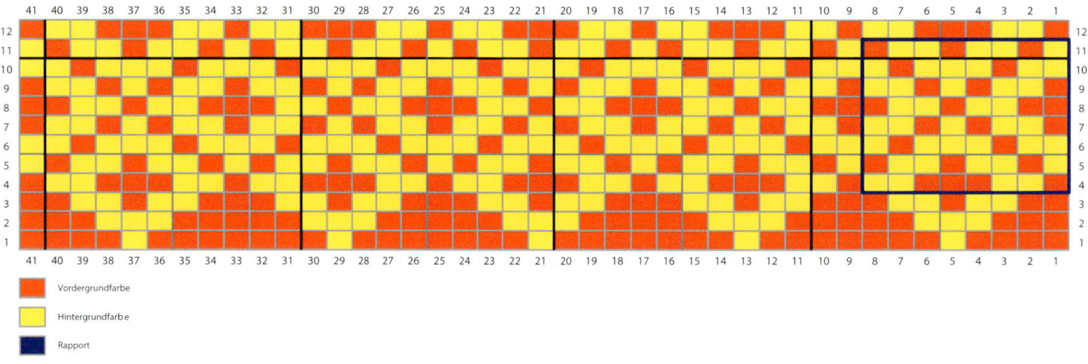

Fußteil & Zwickel

Beim Chart für die Sohle wiederholst du die Reihen 1-8 so lange bis du 14,5 cm (Gr. 39/40), 15,5 cm (Gr. 41/42), 16,5 cm (Gr. 43/44) bzw. 17,5 cm (Gr. 45/46) erreicht hast. Dann strickst du nach Chart ab Reihe 9 weiter und nimmst für den Zwickel auf der Sohlenseite Ma zu, wie im Chart beschrieben. Die Anzahl der Ma auf der Oberseite des Sockens bleiben gleich.

Am Ende der Zunahmen (Reihe 28 im Chart Sohle) hast du auf der Sohlennadel 61 Ma und auf der Oberfußnadel weiterhin 41 Ma.

Den Oberfuss (also die Maschen der anderen Nadel) strickst du nach dem Chart Oberfuss ab Reihe 1 bis 11, dann wiederholst du die die Reihen 4 -11 immer wieder.

Ferse

Jetzt arbeitest du die Ferse nur mit den Ma der Sohlennadel. Die Ma der Oberfußnadel strickst du dabei nicht. Wende dazu am Ende der Hinreihe 29 die Arbeit und stricke links zurück.

WICHTIG! Hier musst du die Fadenführung ändern! Bisher war gold die Hintergrundfarbe und du hast den Faden ganz rechts geführt. In den Rückreihen ist die Fadenführung zu tauschen, damit die Farbdominanz erhalten bleibt.

Die Ferse bis einschließlich Reihe 47 zweifarbig stricken, ab Reihe 48 strickst du die Fersenwand einfarbig in der Farbe Rot weiter.

CHART SOHLE

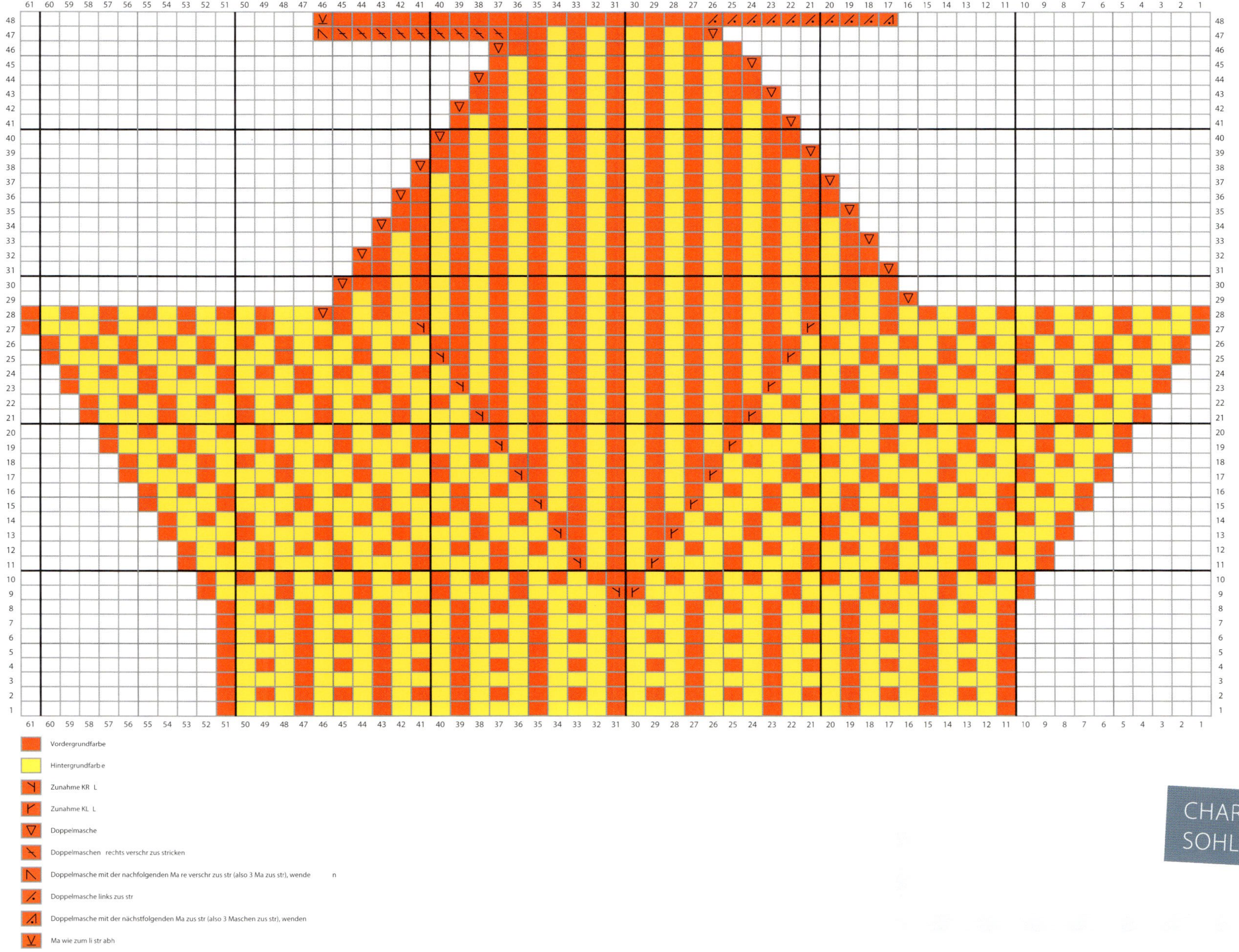

Vordergrundfarbe
Hintergrundfarbe
Zunahme KR L
Zunahme KL L
Doppelmasche
Doppelmaschen rechts verschr zus stricken
Doppelmasche mit der nachfolgenden Ma re verschr zus str (also 3 Ma zus str), wende n
Doppelmasche links zus str
Doppelmasche mit der nächstfolgenden Ma zus str (also 3 Maschen zus str), wenden
Ma wie zum li str abh

Doppelmaschen abstricken

1. Rd	(Vorderseite): alle Ma re, 9 DM re verschr zus str, die letzte DM mit der nachfolgenden Ma re verschr zus str, wenden
2. Rd	(Rückseite): 1 Ma wie zum li str abh, Faden gut festziehen. Alle Ma li, 9 DM li zus str, die letzte DM mit der nachfolgenden Ma li zus str, wenden
3. Rd	1 Ma wie zum re str abh, Faden gut festziehen. Alle Ma re bis zur letzten Ma vor der Lücke (wo du zuvor die letzte DM zus gestrickt hast), die beiden Ma vor und nach der Lücke re verschr zus str, wenden
4. Rd	1 Ma wie zum li str abh, Faden gut festziehen. Alle Ma li bis zur letzten Ma vor der Lücke, die beiden Ma vor und nach der Lücke li zus str, wenden

Die 3. und 4. Reihe solange wiederholen, bis du noch 40 Ma auf der Nadel hast.

Schaft

Ab sofort wird wieder in Runden gestrickt. Dabei folgst du dem Muster des Oberfußes über den ganzen Schaft. Füge an der Innenseite des Sockens eine durchgehende rote Masche als 81. Masche ein, um den Mustersatz zu beenden.

Nach ca. 15 cm, ab Beginn der Ferse, den Mustersatz mit Reihe 8 oder 12 beenden. Den goldenen Faden abschneiden.

Bündchen

Eine Reihe Rot glatt re str, dabei verteilt 13 Ma abn (68 Ma). Das Bündchen im Muster 1 Ma re verschr, 1 Ma li str. Nach 4 cm elastisch abketten. Siehe dazu auch das Kapitel »Elastisch abketten«.

Fertigstellung

Zur Fertigstellung sind jetzt nur noch die Fäden zu vernähen. Achte darauf, beim zweiten Socken die durchgehende rote Masche auf der anderen Seite der Socke zu platzieren, so dass die rote durchgehende Reihe jeweils innen am Fuß sitzt.

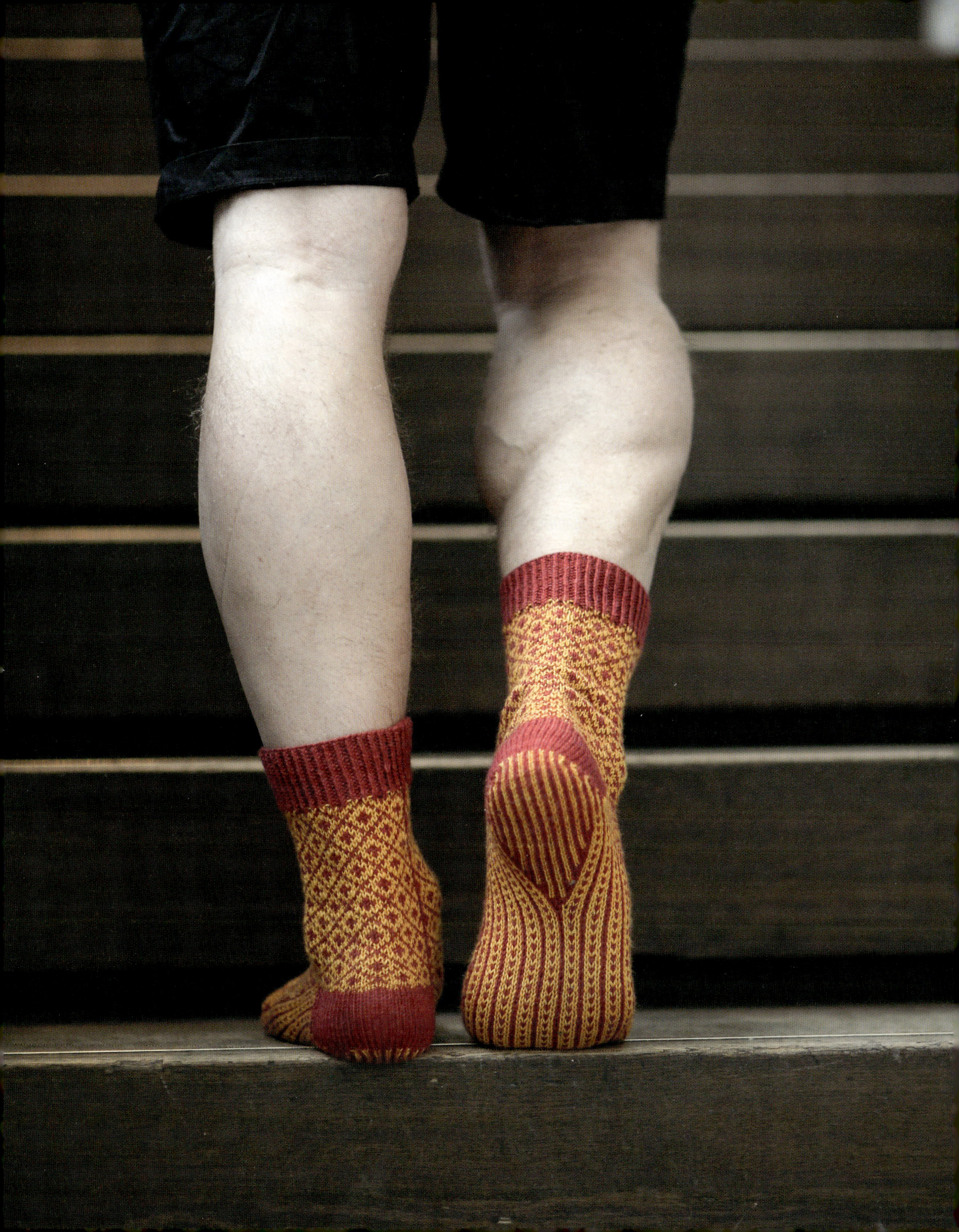

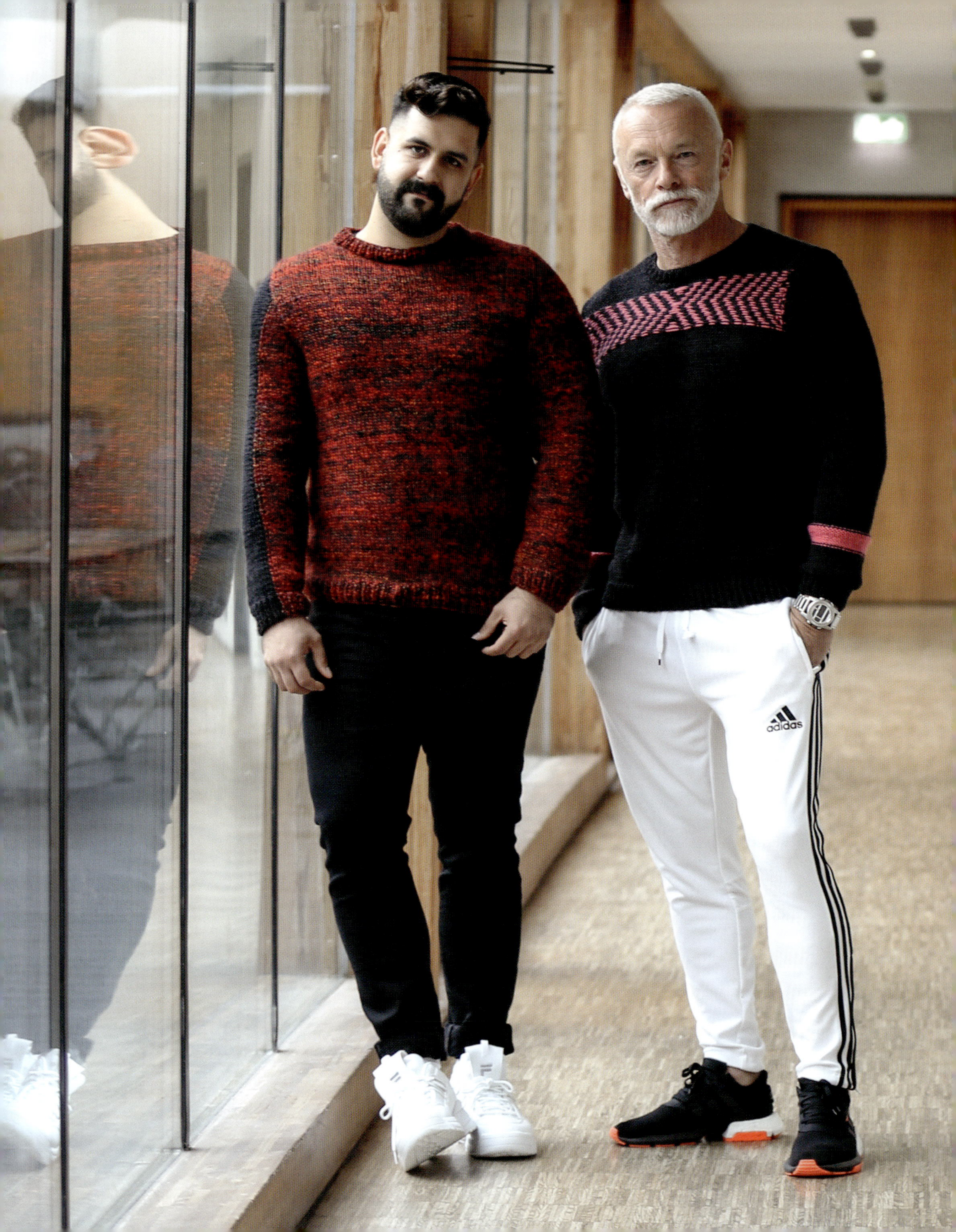
adidas

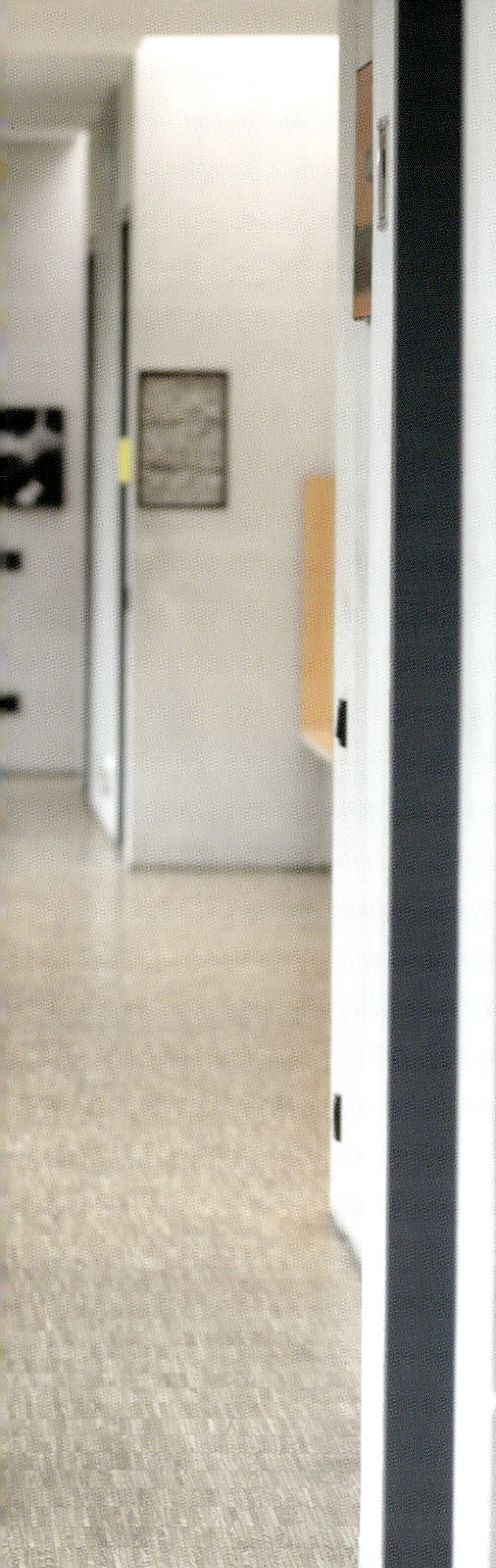

Kante zeigen & Pynkedelisch

Pullover – reinschlüpfen und wohlfühlen. Die rot melierte Wolle wirkt so toll, da reicht ein glatt rechts gestrickter Pullover mit einer klaren Kante, damit das Auge noch einen Halt hat. Einfach auf die Wolle verlassen und losstricken.

PYNKEDELISCH zeigt stranded colorwork von der linken Seite. Die sichtbaren Spannfäden werden zum Muster. Den Pullover kannst du natürlich auch andersrum tragen, dann stimmt das stranded colorwork, dafür siehst du allerdings die Nähte. Irgendwas ist ja immer – und das ist gut so!

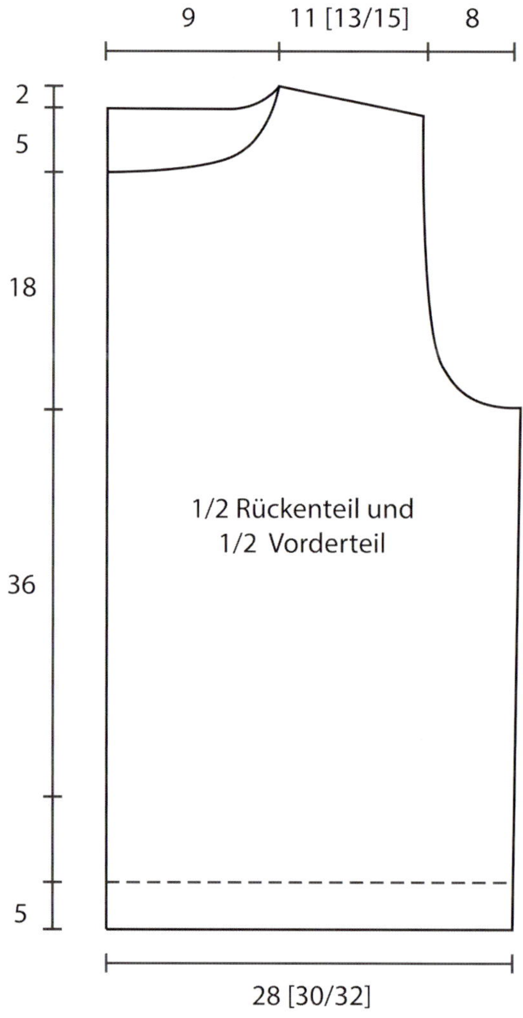
9
11 [13/15]
8
2
5
18
36
5
1/2 Rückenteil und
1/2 Vorderteil
28 [30/32]

Grundschnitt

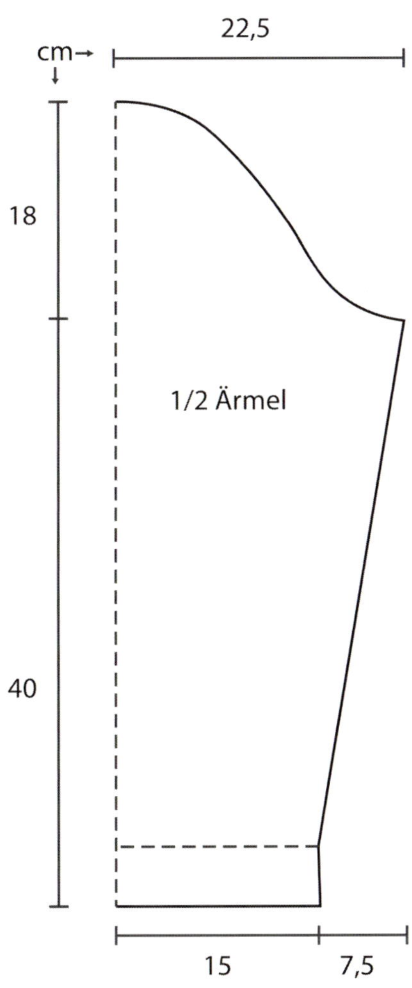

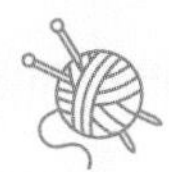

KANTE ZEIGEN

Garn

Finn von Lang Yarns (72 % Schurwolle filzfrei, 28 % Polyacryl, 50 g/80 m)
10 (12/14) x rot meliert (62)
Carpe Diem von Lang Yarns (70 % Schurwolle, 30 % Alpaka, 50 g/90 m)
3 (3/4) x schwarz (04)

Werkzeug

Rundstricknadel NS 6 mit 80 cm Seil

Größe

Größen M, L und XL
Die Angaben für die Größen L und XL stehen in Klammer, z. B.:
Maschenanschlag: 58 (61/68) Ma anschl.

Maschenprobe

15 Ma, 22 R in Finn in NS 6 glatt re sind 10 x 10 cm

Bündchenmuster

1. R: 1 Ma re, 1 Ma li im Wechsel
2. R: die Ma stricken, wie sie erscheinen

Die 2. R ständig wdh

Stricken

Rückenteil stricken

58 (61/66) Ma in rot und 16 (17/18) Ma in schwarz anschl, gesamt: 74 (78/84) Ma. Im weiteren Verlauf immer alle schwarzen Ma schwarz und alle roten Ma rot stricken. Beim Wechsel der Farbe immer die Fäden verkreuzen.

5 cm im Bündchenmuster str, dann glatt re weiter bis zu einer Höhe von 38 cm ab Anschlag. Den schwarzen Faden abschneiden. Ab jetzt über alle Ma in Rot arbeiten. Bei einer Höhe von 41 cm ab Anschlag beidseitig für die Armausschnitte abk: 1x4, 1x3, 1x2, 1x1. Die Ma Anzahl ist jetzt 54 (58/64).

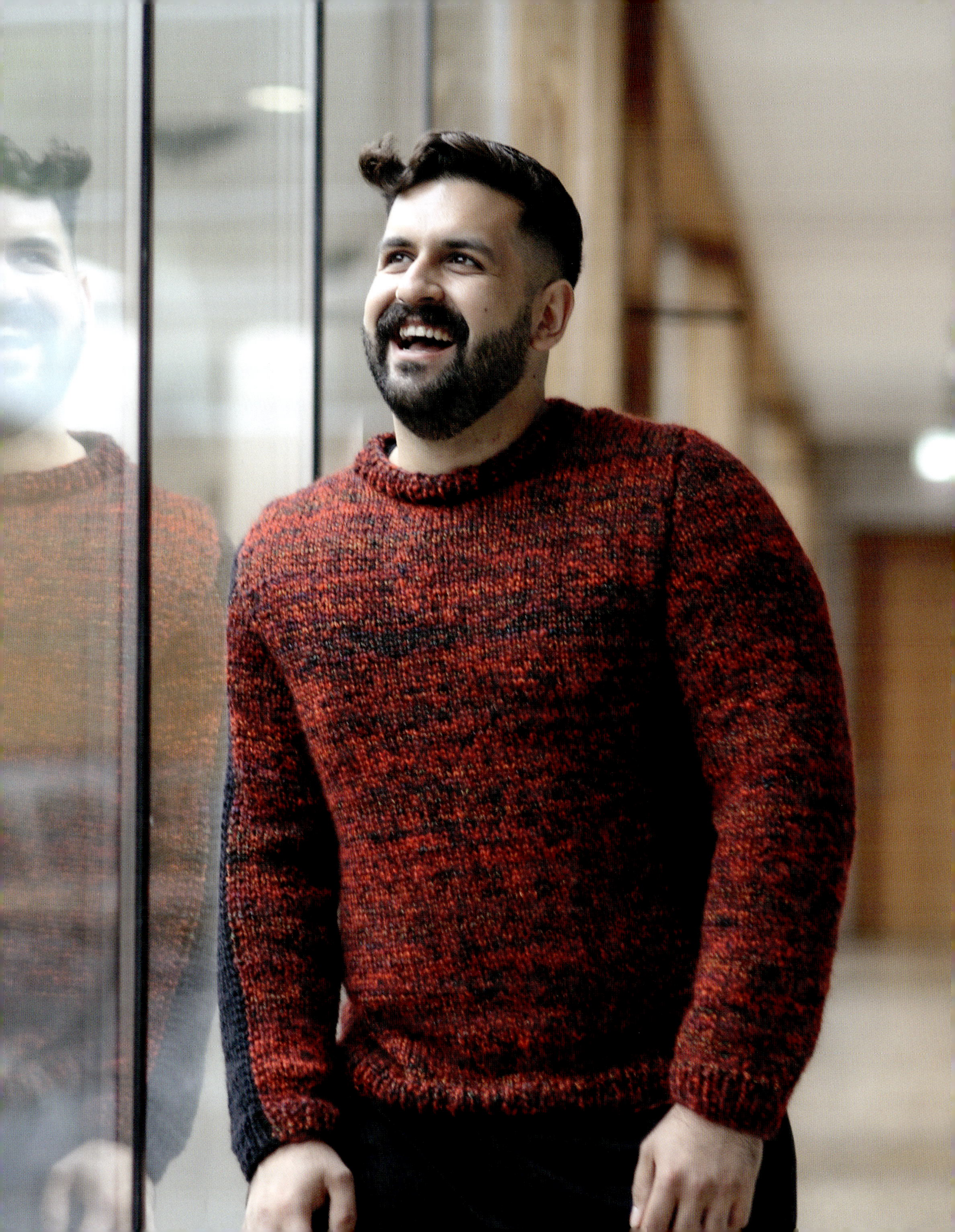

Weiterstricken bis zu einer Höhe von 64 (65/66) cm ab Anschlag. Gleichzeitig für die Schultern und den Halsausschnitt abk.

Schulter je Seite 3x5 (2x6, 1x5/2x7, 1x6) Ma abk, Hals: die mittleren 16 Ma abk, dann beidseitig in den folgenden Reihen je 2x2 Ma abk.

Vorderteil stricken

Das Vorderteil bis zu einer Höhe von 59 (69/61) cm gegengleich zum Rückenteil stricken.
Nach 59 (69/61) cm ab Anschlag für den Halsauschnitt 1x10 und 7x1 die mittleren 10 Ma abk, dann beidseitig in den folgenden Reihen je 7x1 Ma abk, nach 64 (65/66) cm ab Anschlag zusätzlich für die Schultern beidseitig je 3x5 (2x6, 1x5/2x7, 1x6) Ma abk.

Linker Ärmel

Der linke Ärmel wird nur aus der roten Finn gestrickt:

40 Ma anschl und im Bündchenmuster 5 cm str, dann glatt re weiter. Dabei in der ersten R verteilt 2 (4/6) Ma zun.

Weiter glatt re str, dabei in jeder 8. R auf jeder Seite je 1 Ma zun, bis 60 (62/64) Ma auf der Nadel sind.

Weiter str bis zu einer Gesamthöhe ab Anschlag von 45 cm. Jetzt für die Armkugel beidseitig wie folgt abn: 1x4, 1x3, 1x2, 1x1.

Die Gesamtmaschenzahl ist jetzt 40 (42/44) Ma.

Ab jetzt in jeder Reihe (Hin- und Rückreihen) die ersten beiden Ma zus str bis noch 10 Ma auf der Nadel sind.

Die letzten 10 Ma auf einmal abk.

Rechter Ärmel

Genau wie den linken Ärmel str, aber zweifarbig. Dafür 10 Ma in Rot und 30 Ma in Schwarz anschlagen, die erste Reihe ist eine Rückreihe. Zu- und Abnahmen wie beim linken Ärmel str. Der Arm wird komplett schwarz und rot geteilt gestrickt, die Fäden beim Farbübergang immer verkreuzen.

Fertigstellung

Die Schulter- und Seitennähte schließen, die Ärmel einsetzen. Mit Rot aus dem Halsausschnitt 74 Ma auffassen und 3 cm im Bündchenmuster str, locker abketten. Alle Fäden vernähen.

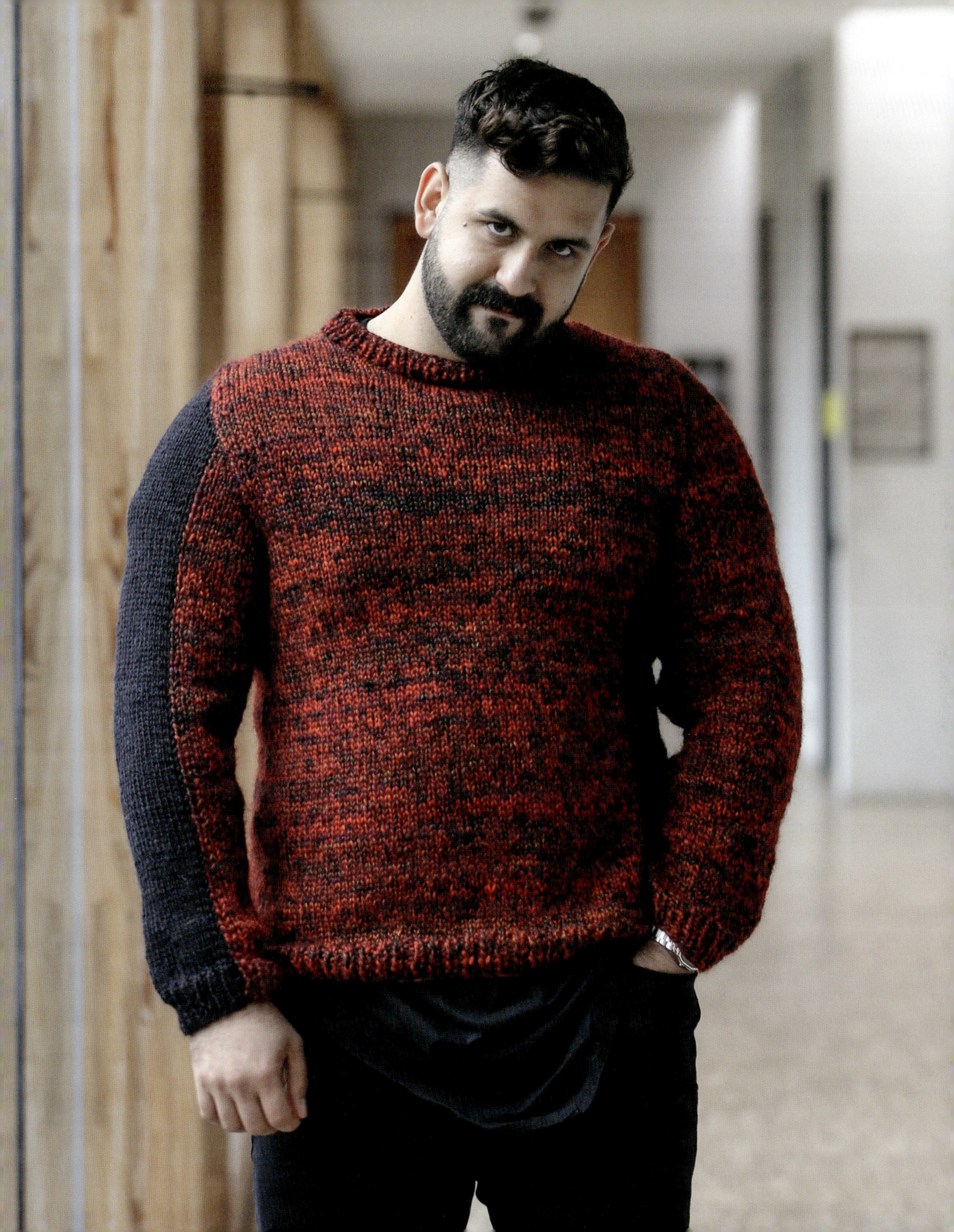

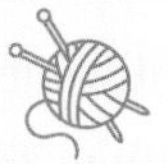

PYNKEDELISCH

Garn

Carpe Diem von Lang Yarns (70 % Schurwolle, 30 % Alpaka, 50 g/90 m)
10 (11/12) x schwarz (Farbe 04)
1 x pink (85)

Werkzeug

Rundstricknadel NS 5, 6 und 6,5 mit 80 cm Seil

Größe

Größen M, L und XL
Die Angaben für die Größen L und XL stehen in Klammer, z. B.:
Maschenanschlag: 90 (96/102) Ma anschl.

Maschenprobe

16 Ma, 22 R in NS 5 glatt re sind 10 x 10 cm

Stricken

Rückenteil

90 (96/102) Ma in Schwarz anschl mit NS 5 und 5 cm im Bündchenmuster str. Auf NS 6 wechseln und glatt re weiter str bis zu einer Höhe von 41 cm ab Anschlag. Jetzt beidseitig für die Armausschnitte abk: 1x4, 1x3, 2x2, 1x1. Die Ma Anzahl beträgt jetzt 66 (72/78).

Stricke jetzt weiter bis zu einer Höhe von 64 (65/66) cm ab Anschlag. Gleichzeitig für die Schultern und den Halsausschnitt abk.
Schulter: beidseitig je 1x7, 2x6 (1x8, 2x7/1x9, 2x8) Ma abk,
Hals: die mittleren 20 Ma abk, dann in den folgenden Reihen
je Seite 2x2 Ma abk. 1x20, 2x2 Ma abk

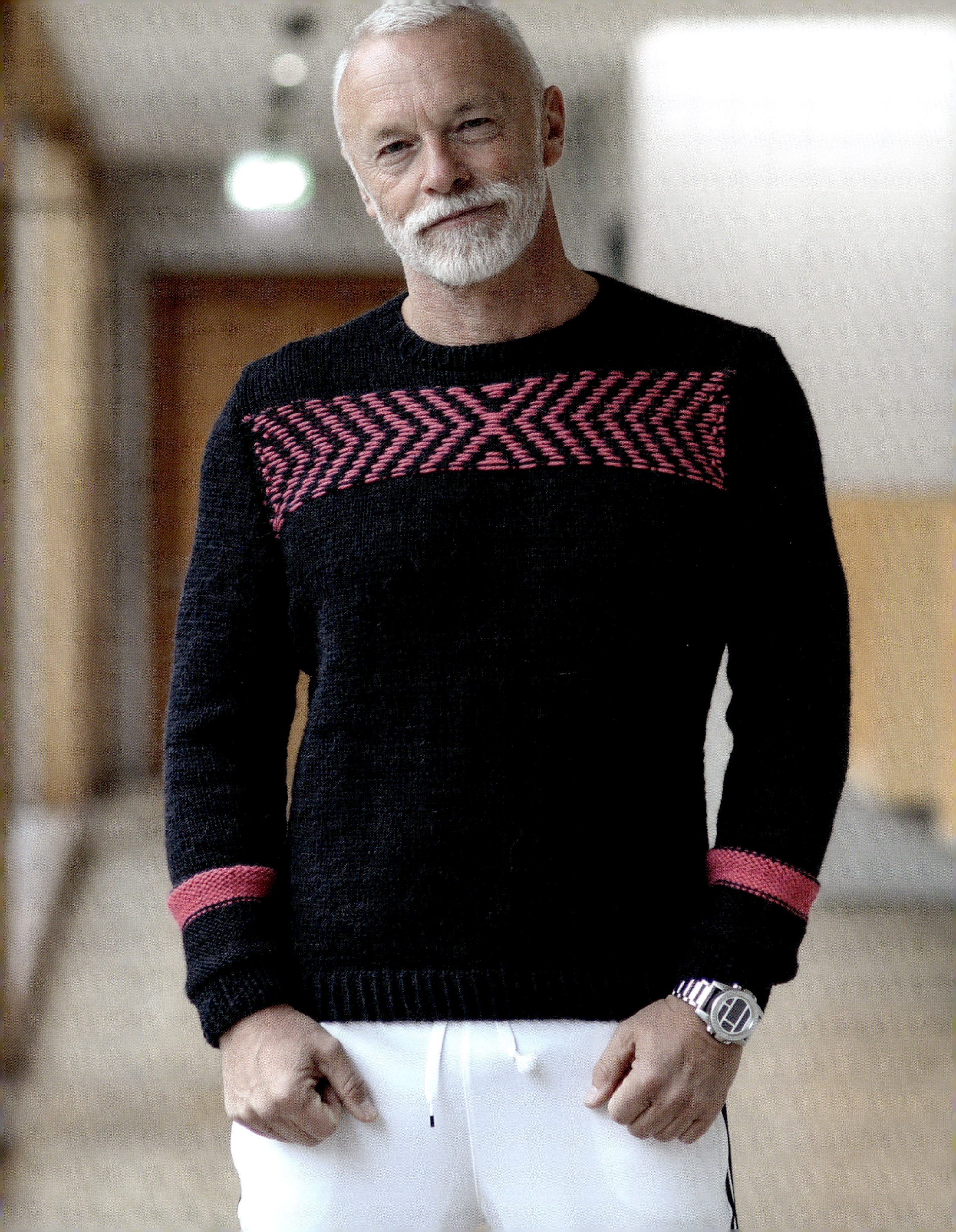

CHART
STRANDED COLORWORK ABSCHNITT

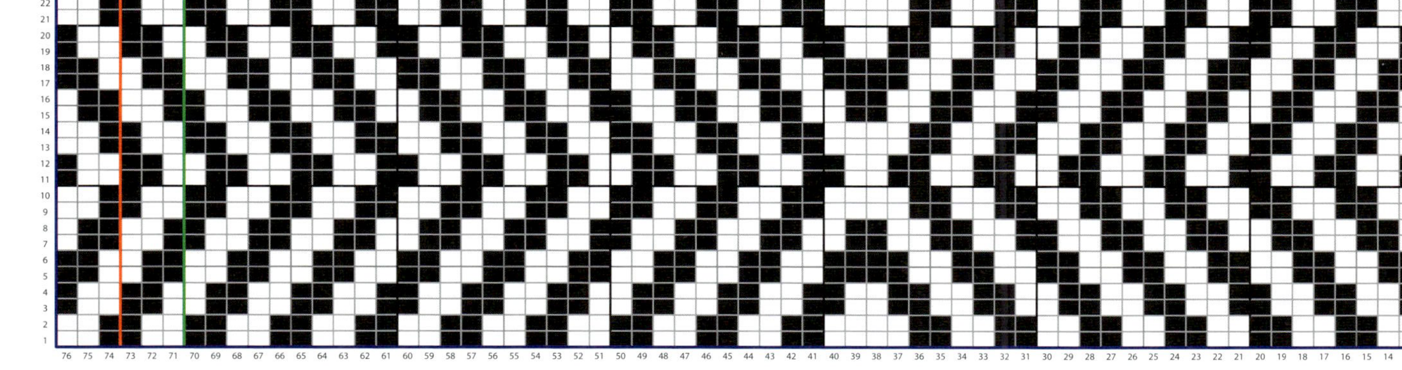

Vorderteil

Das Vorderteil bis zu einer Höhe von 59 (60/61) cm gegengleich zum Rückenteil str.

Nach 47 cm ab Anschlag auf NS 6,5 wechseln und auf der linken Maschenseite (!) das tranded Colorwork Muster nach Chart re str, dabei die erste und letzte Ma immer schwarz str.

Nach 59 (60/61) cm ab Anschlag für den Halsauschnitt die mittleren 14 Ma abk, in den Folgereihen beidseitig je 7x1 Ma abk, 1x14 und 7x1 abk, nach 64 (65/66) cm ab Anschlag zusätzlich für die Schultern abk. Schultern: beidseitig je 1x7, 2x6 (1x8, 2x7/1x9, 2x8) Ma abk.

Ärmel

48 Ma anschl in NS 5 und im Bündchenmuster 5 cm str, dann auf NS 6 wechseln und glatt links weiter str, dabei in der ersten Reihe 2 (6/10) Ma zun. Im Folgenden jede 8. R pro Seite je 1 Ma zun bis zu einer gesamten Anzahl von 70 (74/78) Ma. Gleichzeitig nach 12 cm ab Anschlag auf Pink wechseln und 8 R pink glatt li str, dann wieder zu Schwarz wechseln und glatt re weiter bis zu einer Höhe von 45 cm ab Anschlag. Jetzt für den Armausschnitt beidseitig abn: 1x4, 1x3, 2x2, 1x1. Maschenanzahl beträgt nun 46 (50/54) Ma.

Ab sofort in jeder Reihe (Hin- und Rückreihen) die ersten beiden Ma zus str bis noch 16 Ma auf der Nadel sind. Beidseitig 2x3 Ma abk, dann die verbleibenden 4 Ma abk.

Fertigstellung

Die Schulter- und Seitennähte schließen, die Ärmel einsetzen. Den Stranded Colorwork Abschnitt vorsichtig dämpfen. Mit NS 5 mit Schwarz aus dem Halsausschnitt 64 (68/72) Ma auffassen und 3 cm im Bündchenmuster str, locker abk. Alle Fäden vernähen.

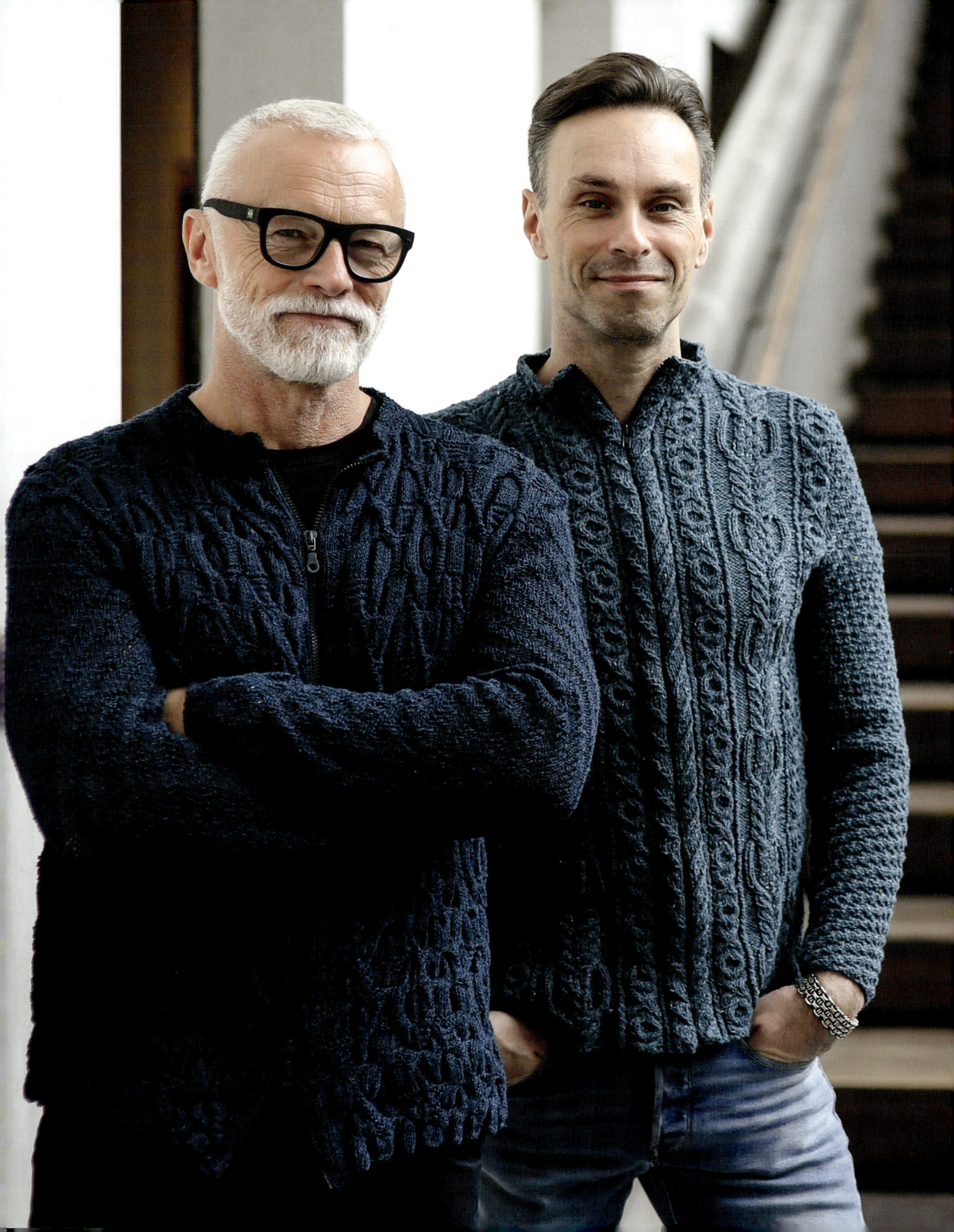

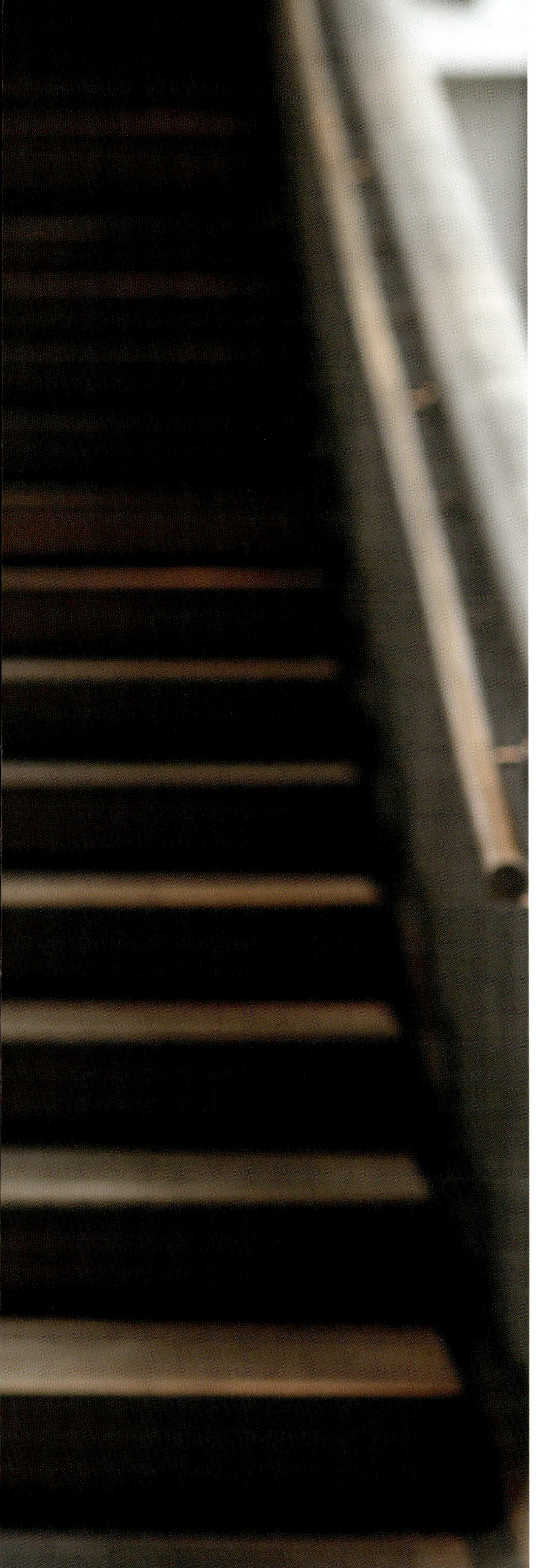

Waidmann & Verwirrter Janker

Zöpfe können ordentlich und grafisch sein – müssen es aber nicht.

Der WAIDMANN ist eine klassische Trachtenjacke, die super zur Jeanshose passt.

Der VERWIRRTE JANKER ist auch gezopft, aber hier herrscht wirre Anarchie. Ich wollte neben einer klassischen Zopfjacke, die durch moderne Trachtenmode inspiriert ist, Zöpfe auch mal ganz unordentlich stricken. Das Muster ist auf den ersten Blick wirr, gefällt mir mit dem leicht melierten Garn aber sehr gut. Licht und Schatten betonen die Dreidimensionalität noch besonders.

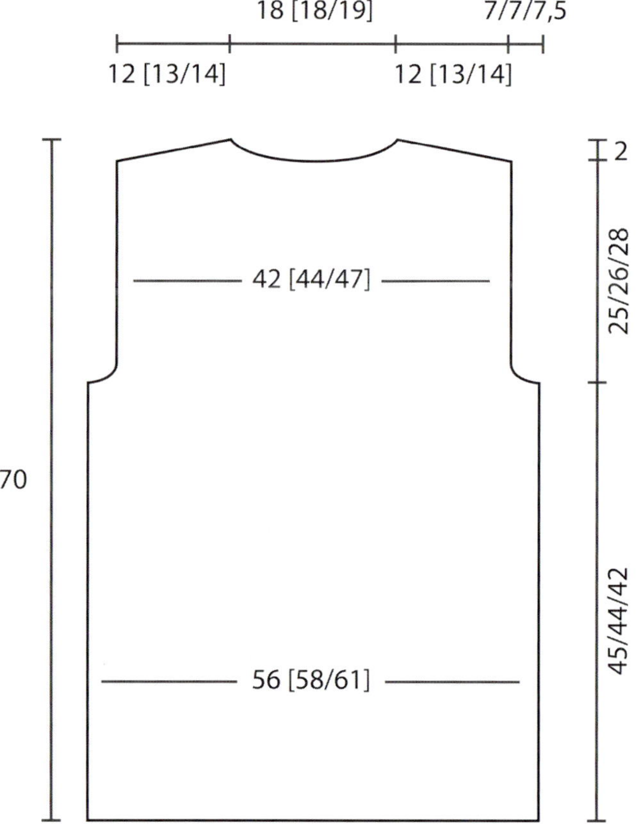
18 [18/19]
7/7/7,5
12 [13/14]
12 [13/14]
2
42 [44/47]
25/26/28
70
45/44/42
56 [58/61]

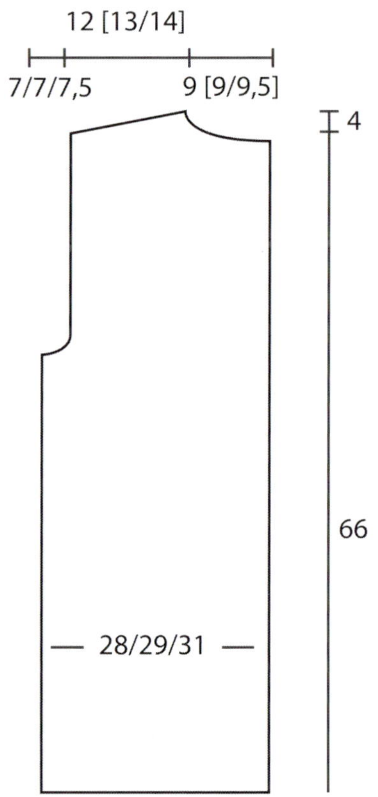
12 [13/14]
7/7/7,5
9 [9/9,5]
4
66
28/29/31

Grundschnitt

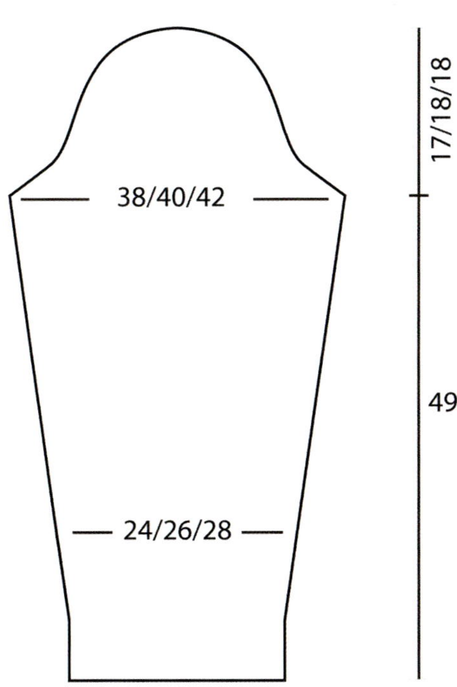

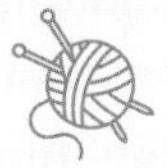

WAIDMANN

Garn

Loch Lomond Bio GOTS von BC Garn (100 % Wolle, 50 g/150 m)
9 (10/11) x Pinie (12)

Außerdem

Teilbarer Jackenreißverschluss in Grün, 70 cm
Nähgarn in Farbe der Wolle
Stecknadeln, Heftfaden

Werkzeug

Rundstricknadel NS 4 mit 80 cm Seil

Größe

Größen M, L und XL
Die Angaben für die Größen L und XL stehen in Klammer, z. B.:
Maschenanschlag: 133 (137/149) Ma anschl

Maschenprobe

Zopfmuster

24 Ma, 28 R mit NS 4 sind 10 x 10 cm

Rechts-Links-Muster

17 Ma, 26 R mit NS 4 sind 10 x 10 cm

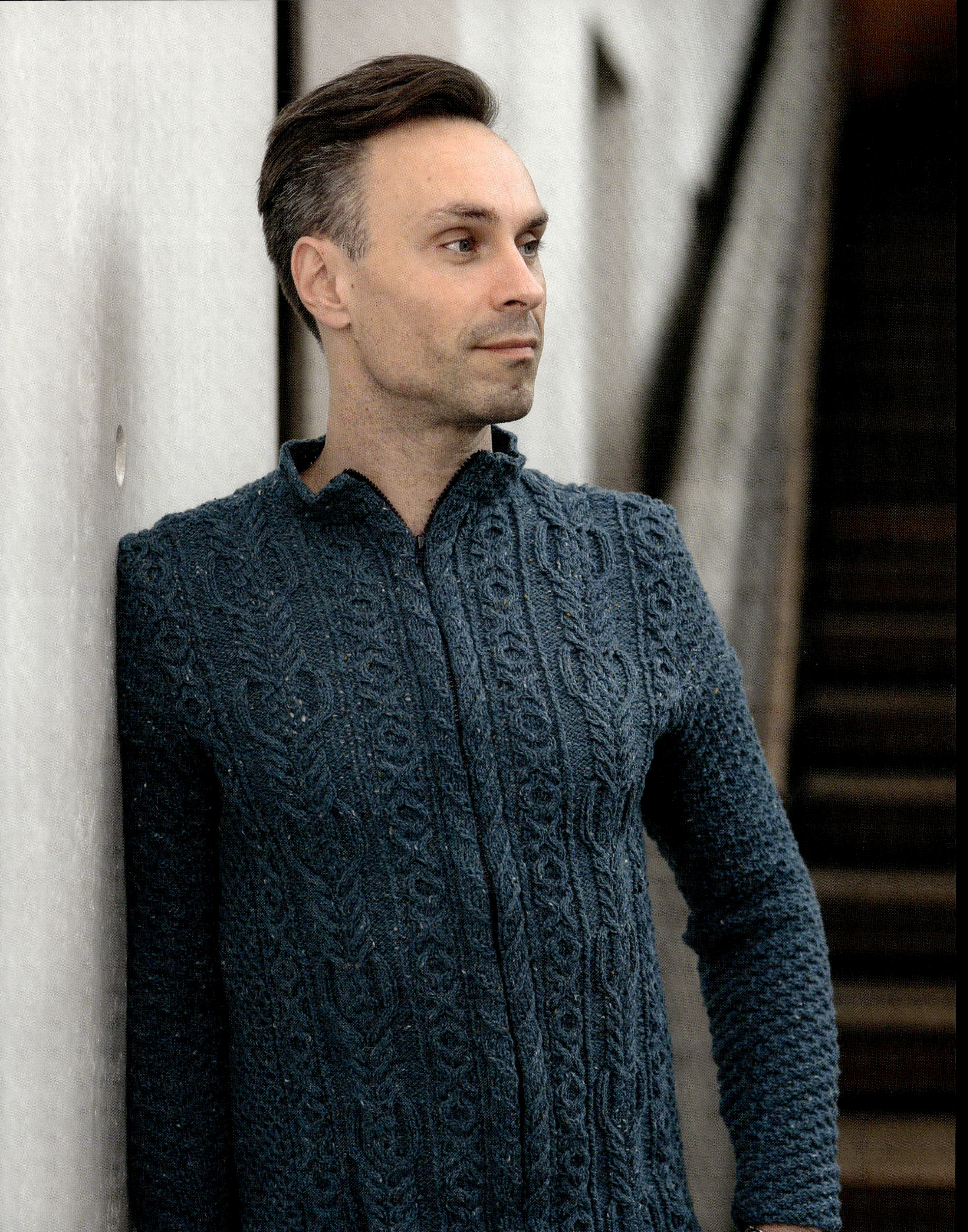

CHART
ZOPFMUSTER RÜCKENTEIL

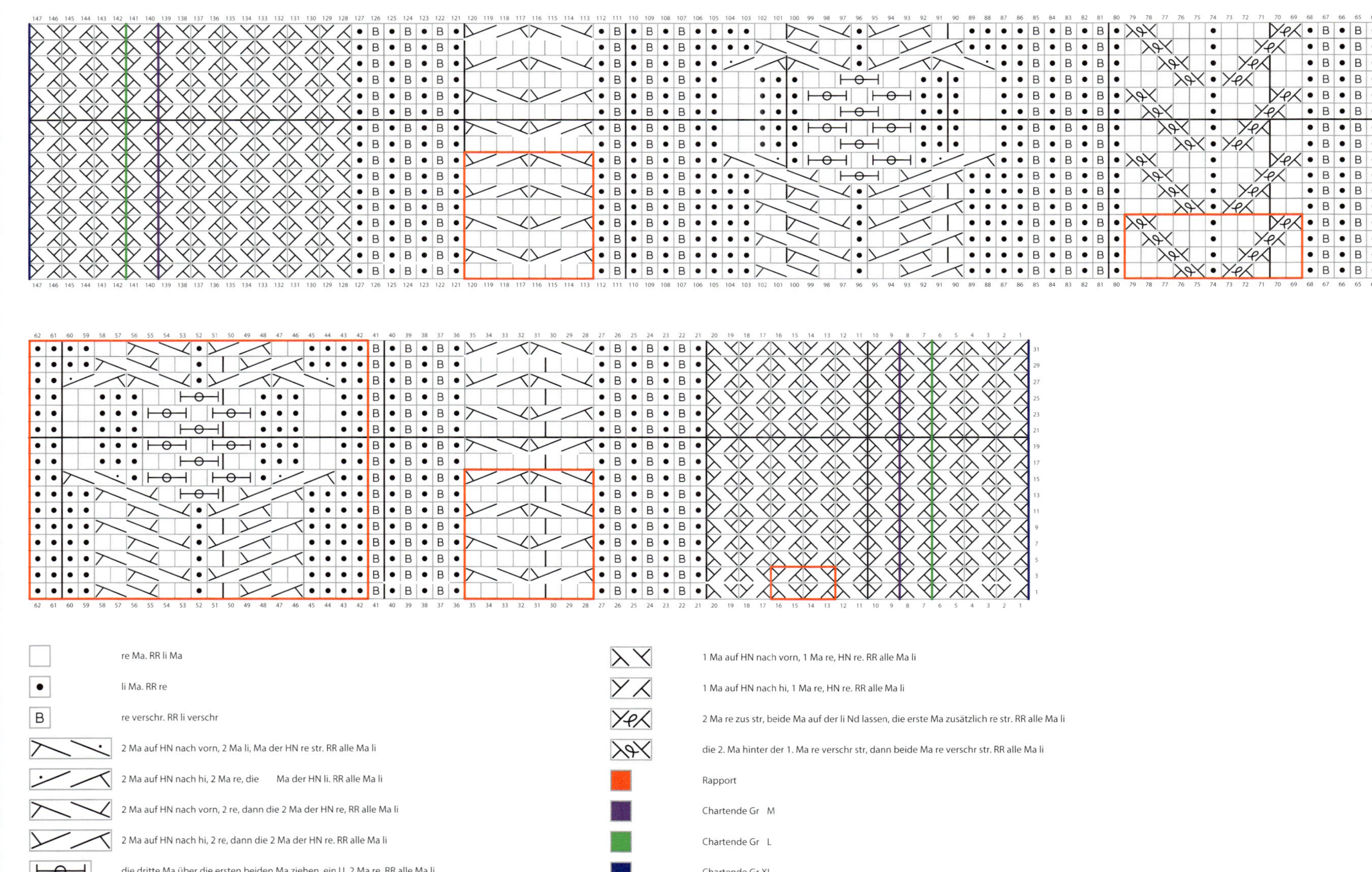

Muster

Zopfmuster

Das Zopfmuster wird nach Chart gestrickt. Es gibt einen Chart für das Rückenteil und je einen Chart für das linke und das rechte Vorderteil. Da die Mustersätze unterschiedliche Reihenanzahl haben, wiederholen sich die Rapports in der Höhe unterschiedlich oft. Du kannst aber die 32 R des Charts einfach immer wiederholen, dann stimmen auch alle Rapports.

Rechts-Links-Muster

Das Rechts-Links-Muster der Ärmel wird nach Chart gestrickt. Es gibt einen Chart für den linken und einen Chart für den rechten Arm.

Stricken

Rückenteil

133 (137/149) Ma anschl (Chart plus jeweils 1 RM) und nach Chart Rückenteil str. Nach 45 (44/42) cm ab Anschlag für den Armausschnitt beidseitig wie folgt abk: 1x4, 2x3, 2x2, 1x1 (1x4, 2x3, 2x2, 1x1/1x4, 3x3, 2x2) Ma. Du hast jetzt noch 103 (107/115) Ma auf der Nadel. Weiter stricken bis zu einer Höhe von 68 cm ab Anschlag. Jetzt gleichzeitig beidseitig für die Schultern und für den Halsausschnitt abk. Halsausschnitt: die mittleren 35 Ma abk, in den Folgereihen dann beidseitig je 2 x 2 Ma abk, für die Schultern beidseitig: 3x10 (1x11, 2x10/1x12, 2x11) Ma abk.

Der Chart hat zwei Teile: Du beginnst bei Masche 9 (7/1) und strickst bis Ma 62, dann strickst du im zweiten Chart ab Ma 63 weiter.

TIPP:
Du kannst dir den Chart herunterladen unter: https://www.stiebner.com/downloads.html

CHART VORDERTEIL LINKS

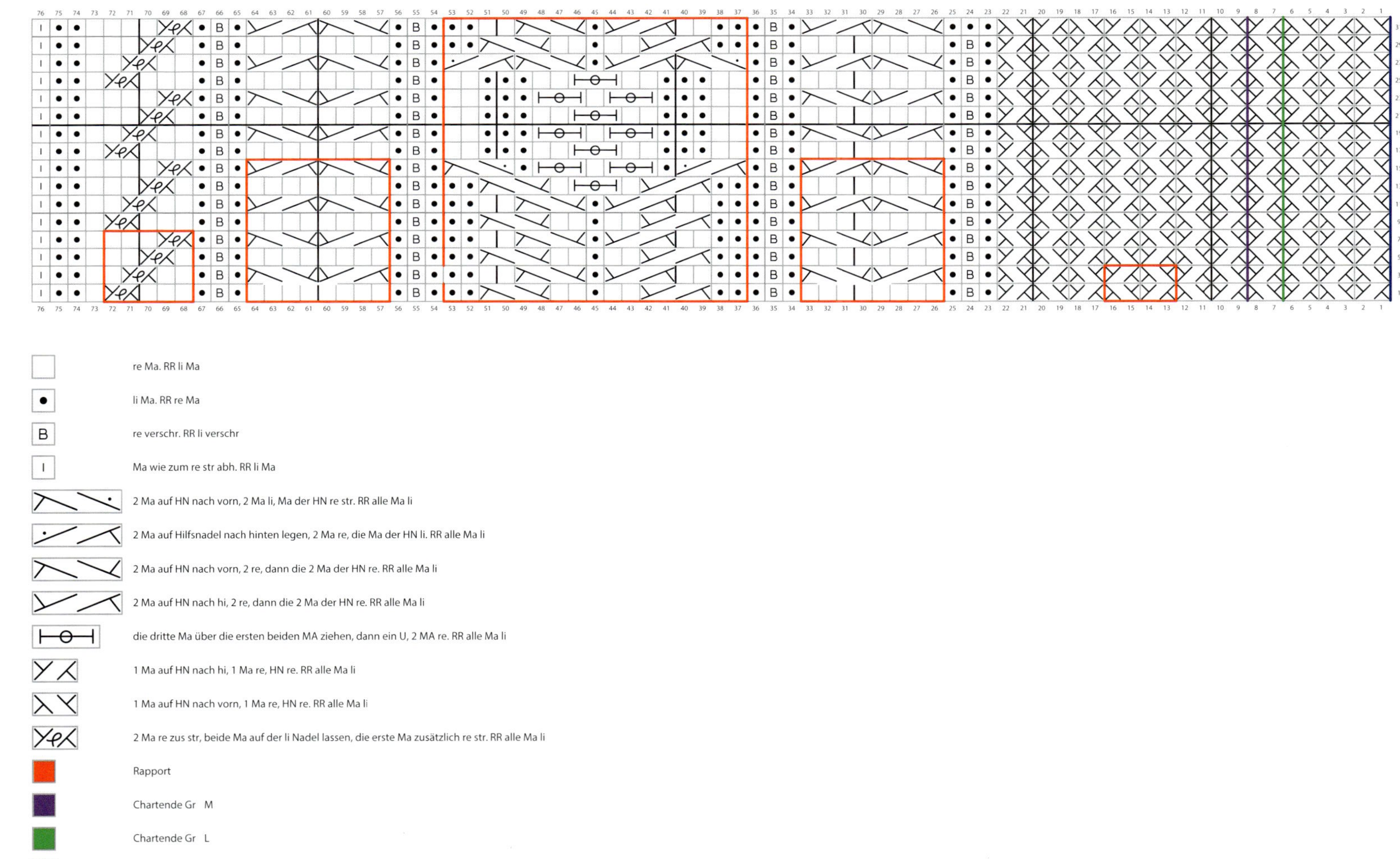

(leeres Kästchen)	re Ma. RR li Ma
•	li Ma. RR re Ma
B	re verschr. RR li verschr
I	Ma wie zum re str abh. RR li Ma
(Zopfsymbol)	2 Ma auf HN nach vorn, 2 Ma li, Ma der HN re str. RR alle Ma li
(Zopfsymbol)	2 Ma auf Hilfsnadel nach hinten legen, 2 Ma re, die Ma der HN li. RR alle Ma li
(Zopfsymbol)	2 Ma auf HN nach vorn, 2 re, dann die 2 Ma der HN re. RR alle Ma li
(Zopfsymbol)	2 Ma auf HN nach hi, 2 re, dann die 2 Ma der HN re. RR alle Ma li
(Symbol)	die dritte Ma über die ersten beiden MA ziehen, dann ein U, 2 MA re. RR alle Ma li
(Symbol)	1 Ma auf HN nach hi, 1 Ma re, HN re. RR alle Ma li
(Symbol)	1 Ma auf HN nach vorn, 1 Ma re, HN re. RR alle Ma li
(Symbol)	2 Ma re zus str, beide Ma auf der li Nadel lassen, die erste Ma zusätzlich re str. RR alle Ma li
(orange)	Rapport
(lila)	Chartende Gr M
(grün)	Chartende Gr L
(dunkelblau)	Chartende Gr XL

CHART
VORDERTEIL RECHTS

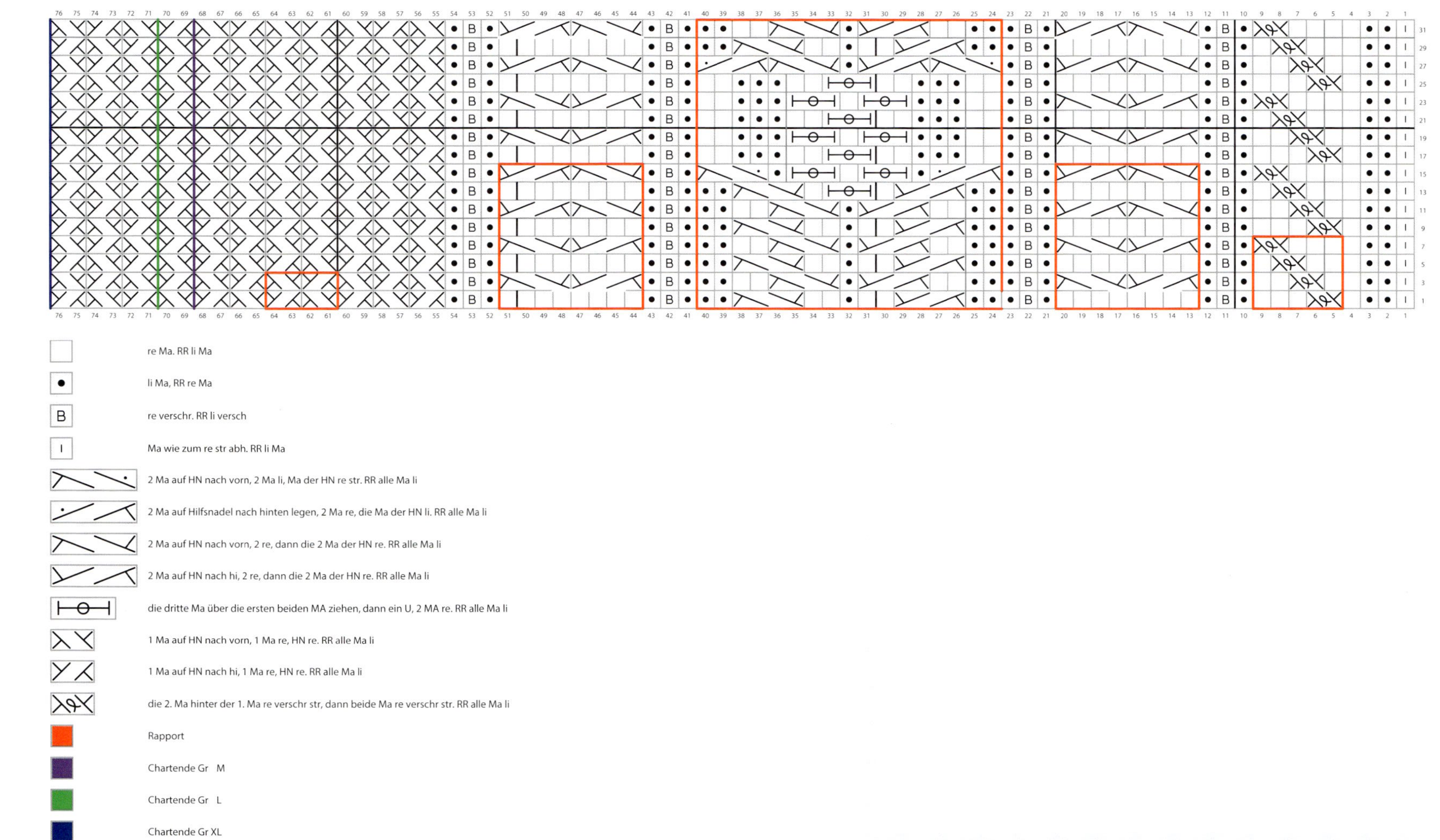

	re Ma. RR li Ma
	li Ma, RR re Ma
B	re verschr. RR li versch
I	Ma wie zum re str abh. RR li Ma
	2 Ma auf HN nach vorn, 2 Ma li, Ma der HN re str. RR alle Ma li
	2 Ma auf Hilfsnadel nach hinten legen, 2 Ma re, die Ma der HN li. RR alle Ma li
	2 Ma auf HN nach vorn, 2 re, dann die 2 Ma der HN re. RR alle Ma li
	2 Ma auf HN nach hi, 2 re, dann die 2 Ma der HN re. RR alle Ma li
	die dritte Ma über die ersten beiden MA ziehen, dann ein U, 2 MA re. RR alle Ma li
	1 Ma auf HN nach vorn, 1 Ma re, HN re. RR alle Ma li
	1 Ma auf HN nach hi, 1 Ma re, HN re. RR alle Ma li
	die 2. Ma hinter der 1. Ma re verschr str, dann beide Ma re verschr str. RR alle Ma li
(orange)	Rapport
(lila)	Chartende Gr M
(grün)	Chartende Gr L
(dunkelblau)	Chartende Gr XL

Rechtes Vorderteil

Die ersten drei Ma werden später nach innen umgeklappt. Hier liegt der Strick dann doppelt, um den Reißverschluss zu befestigen. Das Vorderteil ist also erst ab Ma 4 sichtbar.

69 (71/77) Ma anschl (Chart plus 1 RM für die Seitennaht. Die RM liegt beim rechten Vorderteil am Ende der Reihe, beim linken Vorderteil zu Beginn). Nach Chart Vorderteil re str. Nach 45 (44/42) cm ab Anschlag für den Armausschnitt wie folgt abk: 1x4, 2x3, 2x2, 1x1 (1x4, 2x3, 2x2, 1x1/1x4, 3x3, 2x2) Ma. Du hast jetzt noch 54 (56/60) Ma auf der Nadel. Str weiter bis zu einer Höhe von 66 cm ab Anschlag. Jetzt für den Halsausschnitt abk. Halsausschnitt: die ersten 20 (21/22) Ma abk und in den folgenden R noch 4x1 Ma abk. Nach dem 1. Mal 1 Ma abk ebenfalls für die Schulter in der RR: 3x10 (1x11, 2x10/1x12, 2x11) Ma abk.

Linkes Vorderteil

Gegengleich zum rechten Vorderteil arbeiten.

Ärmel links

42 (46/59) Ma anschl (Chart plus 2 RM), nach Chart Ärmel li str. Dabei jede 8. R je Seite 1 Ma zun bis zu einer Maschenzahl von 66 (79/74) Ma. Weiter str bis zu einer Gesamthöhe von 49 cm ab Anschlag. Jetzt auf jeder Seite für den Armausschnitt: 1x4, 2x3, 2x2, 1x1 (1x4, 2x3, 2x2, 1x1/1x4, 3x3, 2x2) Ma abk auf 36 (40/40) Ma. Jetzt 9 x (10 x/10 x) jede 4 R je Seite 1 Ma zus str auf 18 (20/20) Ma. Dann 1x3, 1x4 und die verbleibenden 4 (6/6) Ma abk.

Ärmel rechts

Gegengleich zum Ärmel links str, dabei den Chart für den Ärmel rechts nutzen.

Fertigstellung

Nähte schließen, Ärmel einsetzen. Die vorderen Blenden (jeweils die ersten 3 Ma) der Vorderteile nach innen umklappen und festnähen. Für den Kragen aus dem gesamten Halsausschnitt (inklusive der Blende) 84 (88/88) Ma aufn und im Muster des linken Ärmels 2 cm str, Ma locker abk.

Den Reißverschluss teilen und jede Seite mit Stecknadeln an die vorderen Blenden stecken. Dann den Reißverschluss mit Heftfaden an die Jacke nähen. Die Stecknadeln entfernen und den Reißverschluss mit Nähgarn in Jackenfarbe einnähen. Heftfaden entfernen, alle Fäden vernähen.

CHART ÄRMEL LINKS

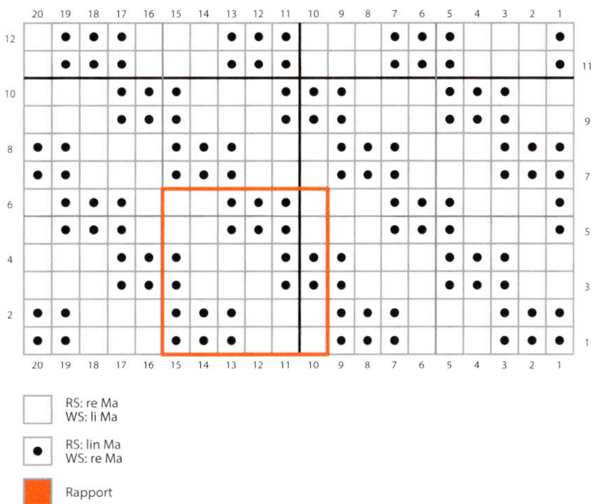

CHART ÄRMEL RECHTS

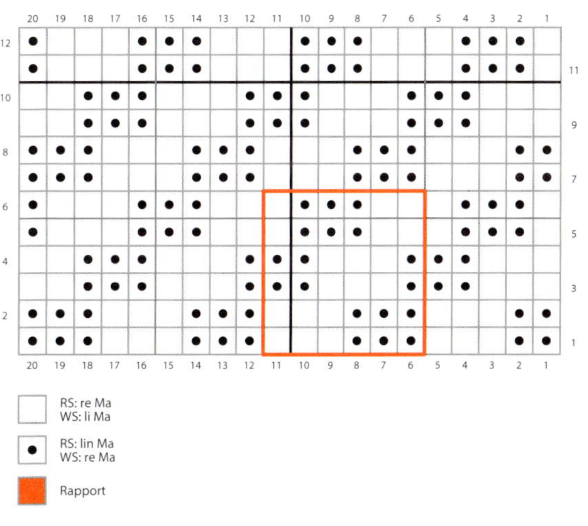

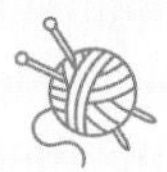

DER VERWIRRTE JANKER

Garn

Colori von BC Garn

(55 % Schurwolle, 20 % Seide, 25% Leinen, 50 g/250 m)

8 (9/10 x petrol (01)

Außerdem

Teilbarer Jackenreißverschluss in Dunkelblau, 70 cm

Nähgarn in Farbe der Wolle

Stecknadeln, Heftfaden

Werkzeug

Rundstricknadel NS 3,5 mit 80 cm Seil

Größe

Größen M, L und XL

Die Angaben für die Größen L und XL stehen in Klammer, z. B.:

Maschenanschlag: 202 (212/222) Ma anschl

Maschenprobe

Verwirrtes Zopfmuster

36 Ma, 29 R mit NS 3,5 sind 10 x 10 cm

Tipp: Am besten strickst du als Maschenprobe einmal den Mustersatz des Charts plus 3 RM kraus re und li, also insgesamt 46 Ma. Der Chart mit 40 Ma sollte dann 11 cm breit sein.

Rechts-Links Muster

22 Ma, 30 R mit NS 3,5 sind 10 x 10 cm

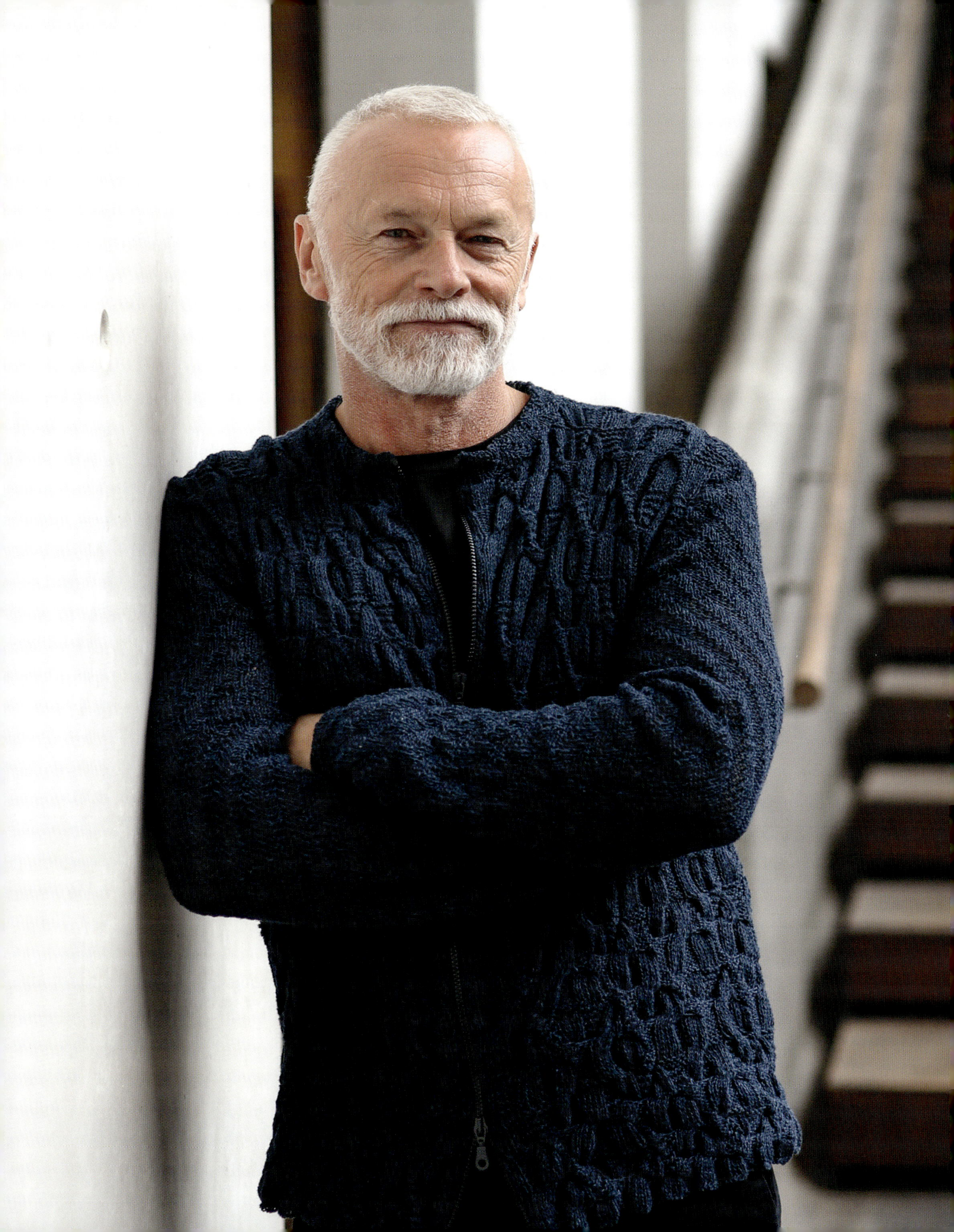

Stricken

Rückenteil

202 (212/222) Ma anschl (Chart plus jeweils 1 RM) und nach Chart Zopfmuster str. Nach 45 (44/42) cm ab Anschlag für den Armausschnitt beidseitig wie folgt abk: 1x8, 3x3, 2x2, 4x1 Ma. Du hast jetzt noch 152 (162/172) Ma auf der Nadel. Weiter str bis zu einer Höhe von 68 cm ab Anschlag. Nun gleichzeitig beidseitig für die Schultern und für den Halsausschnitt abk. Halsausschnitt: 1x48 (50/50) Ma abk und dann je Seite 1x5, 1x4 (1x6, 1x5/2x6) Ma abk, für die Schultern: 1x15, 2x14 (3x15/1x17, 2x16) Ma abk.

Rechtes Vorderteil

Das Vorderteil hat zur Mitte eine Blende, die aus 7 Ma besteht. Diese 7 Ma werden später umgeklappt, um daran den Reißverschluss festzunähen. 108 (113/118) Ma anschl: 100 (105/110) Ma Chart plus 7 Ma Blende plus 1 RM an der Seitennaht. Das rechte Vorderteil beginnt mit den 7 Ma Blende, dann weiter nach Chart Zopfmuster str. Die Blende wie folgt str: HR: 1 RM, 3 Ma li, 3 Ma re. RR: 3 Ma li, 3 Ma re, 1 RM.
Bis zu einer Höhe von 45 (44/42) cm ab Anschlag str. Jetzt für den Armausschnitt 1x8, 3x3, 2x2, 4x1 Ma abk auf 83 (88/93) Ma. Weiter str bis zu einer Höhe von 66 cm ab Anschlag. Für den Halsausschnitt in der HR die ersten 23 (26/27) Ma abk, in den folgenden Reihen noch 5x 2 Ma abk. In den letzten 5 R zusätzlich in der RR für die Schulter abk: 1x15, 2x14 (3x15/1x17, 2x16) Ma.

Linkes Vorderteil

Gegengleich zum rechten Vorderteil arbeiten.

Ärmel links

56 (60/64) Ma anschl (Chart plus 2 RM) und nach Chart Ärmel links WAIDMANN str. Dabei jede 8. R je Seite 1 Ma zun bis zu einer Maschenzahl von 86 (90/94) Ma. Weiter str bis zu einer Gesamthöhe von 49 cm ab Anschlag. Jetzt auf jeder Seite für den Armausschnitt: 1x4, 4x2, 3x1 Ma abk auf 56 (60/64) Ma. Weiter str nach Chart, dabei in jeder 2. R am Anfang und Ende je 2 Ma zus str bis nur noch 20 Ma übrig sind. Zum Schluss auf jeder Seite je 2x3 Ma und die verbleibenden 8 Ma abk.

Ärmel rechts

Gegengleich zum Ärmel links str, dabei den Chart für den Ärmel rechts WAIDMANN nutzen.

Fertigstellung

Nähte schließen, Ärmel einsetzen. Die vorderen Blenden (jeweils die ersten 7 Ma) der Vorderteile nach innen umklappen und festnähen. Für den Kragen aus dem gesamten Halsausschnitt (inklusive der Blende) 100 (104/104) Ma aufn und im Muster des linken Ärmels 2,5 cm str, dann in einer Rückreihe einmalig alle Ma re und noch einmal 2,5 cm im Muster des linken Ärmels str. Alle Ma locker abk. Der Kragen wird später zur Hälfte eingeklappt, die linke Maschenkante ist dann der Abschluss des Kragens. Den Reißverschluss teilen und jede Seite mit Stecknadeln an die vorderen Blenden stecken. Dabei am oberen Ende nur bis zur durchgehend gestrickten linken Kante des Kragens stecken. Im Anschluss den Reißverschluss mit Heftfaden an die Jacke nähen. Die Stecknadeln entfernen und den Reißverschluss mit Nähgarn in Jackenfarbe einnähen. Den Heftfaden entfernen. Kragen nach innen umklappen und festnähen. Alle Fäden vernähen.

CHART ZOPFMUSTER

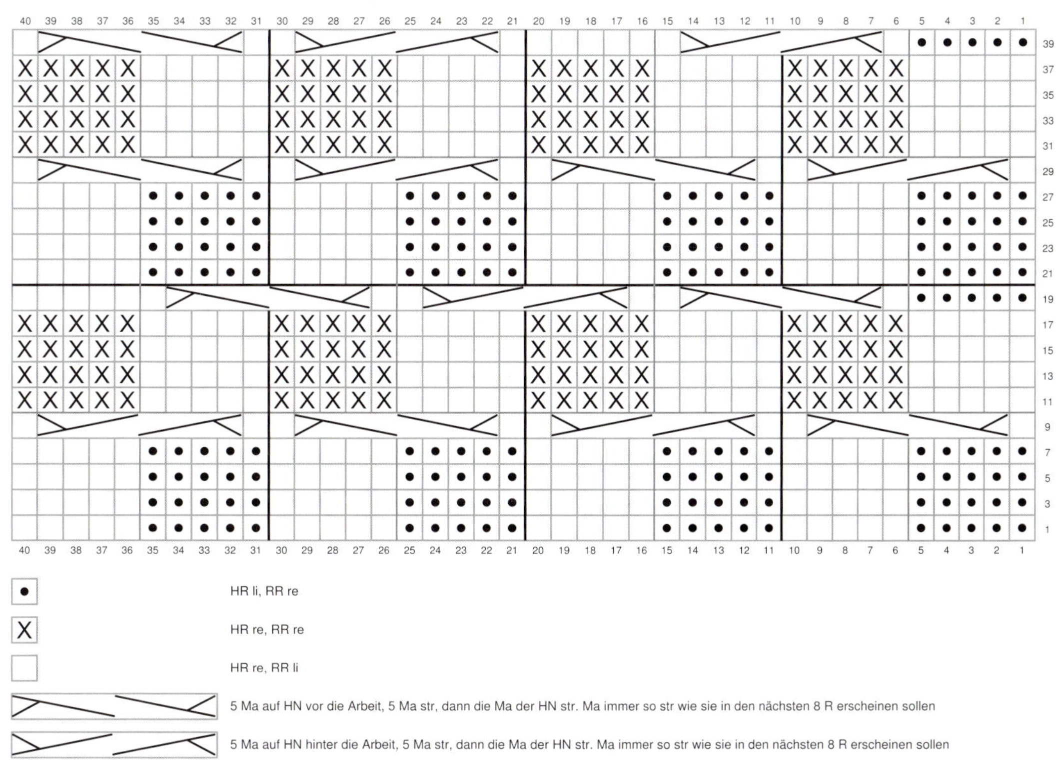

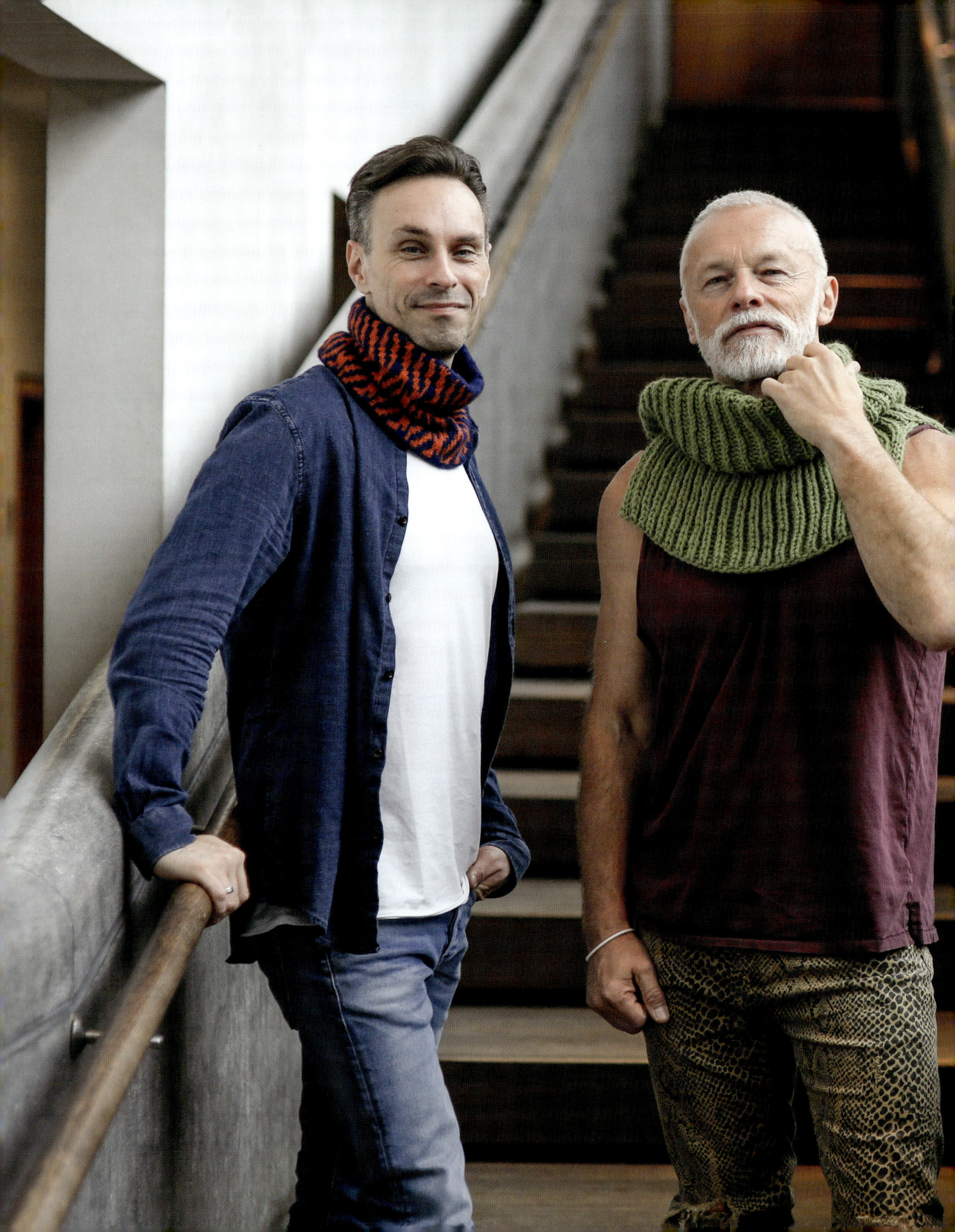

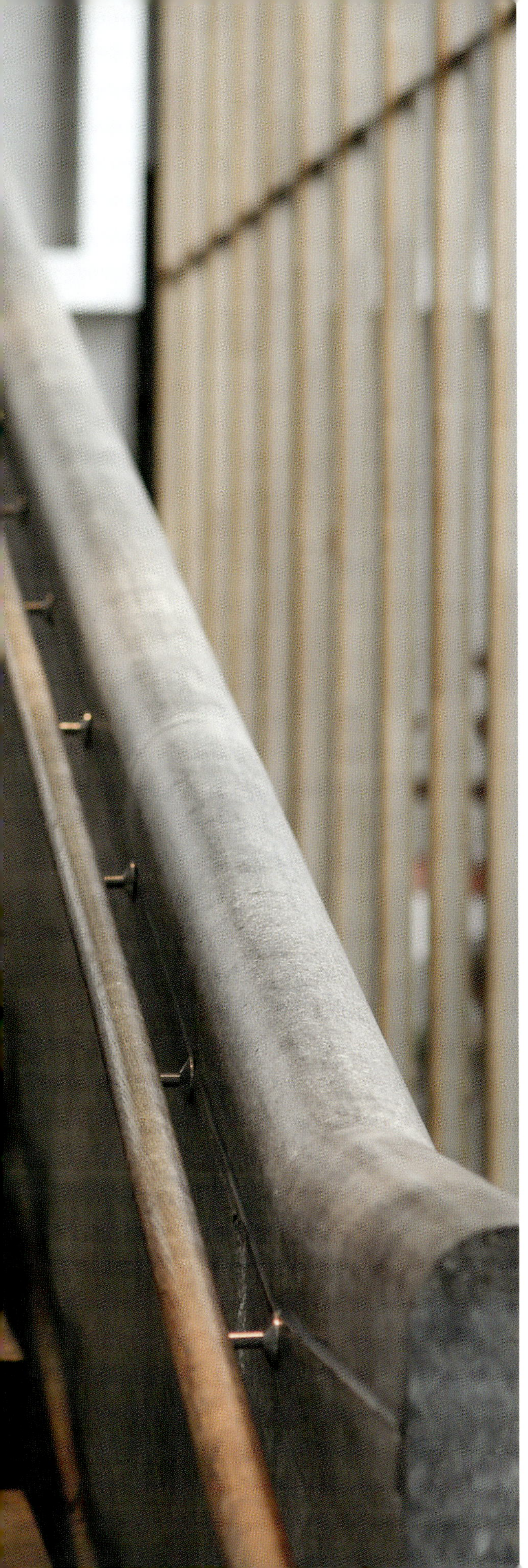

Greenhorn & Flammenwerfer

Loops wärmen den Adamsapfel, sind schnell gestrickt und verrutschen außerdem nicht immer wie ein Schal.

Beim FLAMMENWERFER schlagen die Flammen bis zum Hals und das Alpakagarn macht den Loop zudem kuschelig weich.

Das GREENHORN ist aus norwegischer Schurwolle gestrickt und deswegen besonders wintertauglich – trotzdem ruft die Farbe dieses XXL-Loops schon nach Frühling.

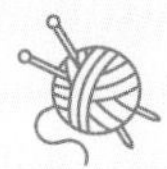

GREENHORN

Garn

Norvika von ggh (30 & norwegische Wolle, 30 Polyacryl, 20 % Alpaka, 13% Bio-Polyamid (Biofeel®), 50 g/65 m)

7 x olivgrün (006)

Werkzeug

Rundstricknadel NS 7 mit 60 cm Seil

Größe

Der Loop misst 44 x 43 cm

Maschenprobe

11 Ma, 14 R in NS 7 im Patentmuster sind 10 x 10 cm

Stricken

96 Ma mit NS 7 mit Norvika anschlagen und zur Runde schließen. Nach dem **Patenmuster in Runden** bis zu einer Höhe von 34 cm stricken.

Jetzt aus dem Querfaden zwischen der letzten und ersten Masche der Runde eine Ma aufn. Das ist die neue RM. Weiter stricken wie im **Patentmuster in Reihen** beschrieben. Nach 49 Ma (48 Ma Patentmuster + die neue RM eine weitere RM aus dem Querfaden aufnehmen, die Arbeit wenden und nach **Patentmuster in Reihen** weiter stricken.

Nach 9 cm Patentmuster in Reihen alle 50 Ma locker abketten.

Die anderen 48 Ma genauso stricken und ebenfalls pro Seite 1 RM zun.

Fertigstellung

Fäden vernähen.

Muster

Patentmuster in Runden

1. Rd	*1 Ma mit U wie zum li str abh, 1 Ma li* von * bis * wdh bis Rundenende
2. Rd	*Ma mit U re zus str, li Ma mit U abh* von * bis * wdh bis Rundenende
3. Rd	*1 Ma mit U wie zum li str abh, Ma und U li zus str* von * bis * wdh bis Rundenende

Die 2. und 3. Runde fortlaufend wiederholen.

Patentmuster in Reihen

1. R	(HR): RM wie zum re str abh, *1 Ma mit U wie zum li str abh, Ma und U li zus str* von * bis * wdh bis eine Ma vor Reihenende, 1 Ma li
2. R	(RR): RM wie zum re str abh, *1 Ma mit U wie zum li str abh, Ma und U li zus str* von * bis * wdh bis eine Ma vor Reihenende, 1 Ma li

Die 1. und 2. Reihe fortlaufend wiederholen

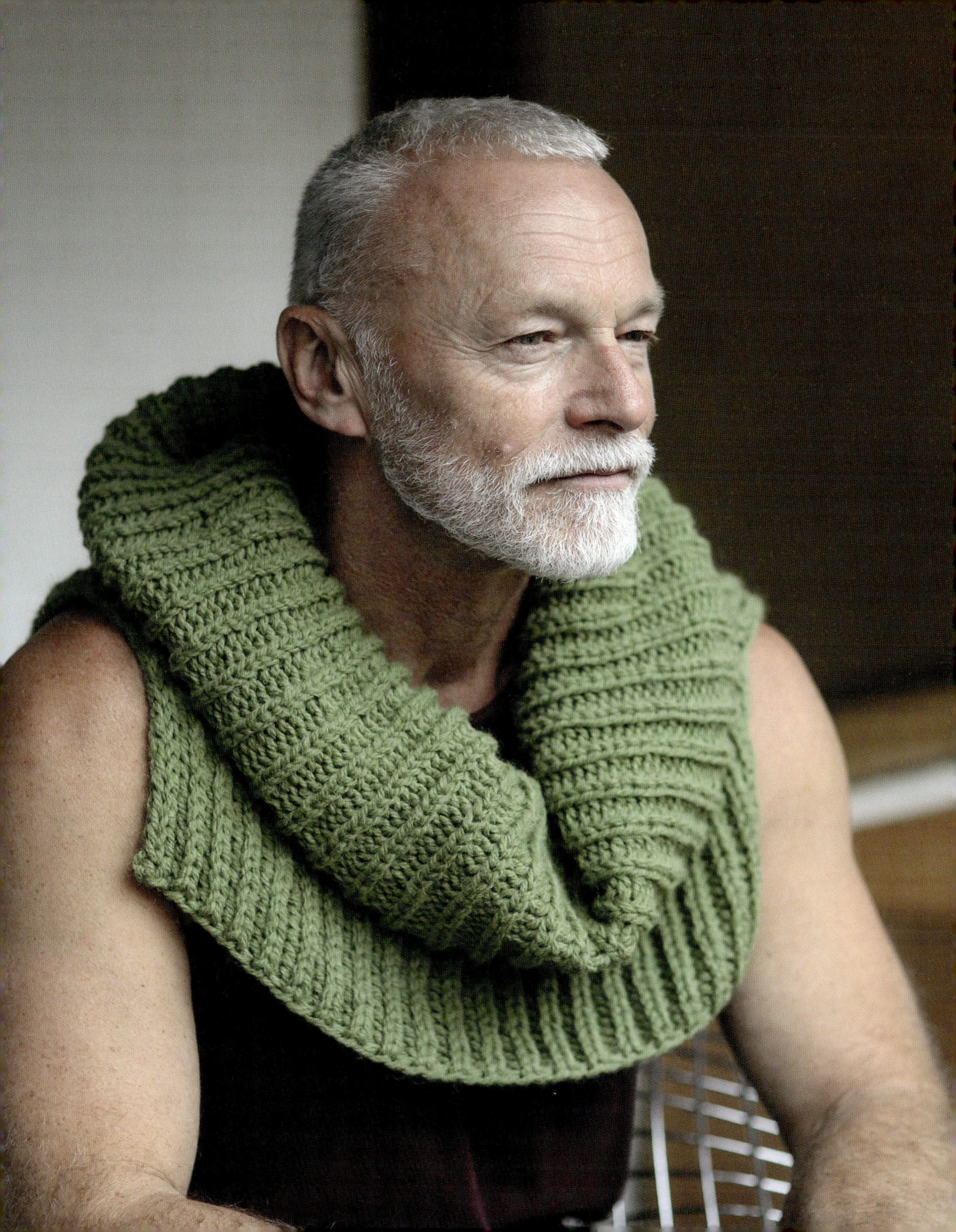

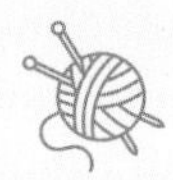

FLAMMENWERFER

Garn

Baby Alpaka von ggh (100 % Alpaka, 50 g/100 m)
2 x marine (018)
2 x rostrot (012)

Werkzeug

Rundstricknadel NS 3,5 mit 50 cm Seil

Größe

Der fertige Loop misst 27 x 18 cm

Maschenprobe

24 Ma, 28 R in NS 3,5 in Stranded Colorwork sind 10 x 10 cm

Stricken

106 Ma in Marine anschl und zur Rd schließen. 3 cm glatt re str. Noch eine Runde glatt re in Marine, dabei direkt nach der 1. Ma 1 Ma zun und und dann jeweils nach jeder 6. Ma 1 Ma zun. Insgesamt 18 Ma zun (124 Ma).

Jetzt zweifarbig nach Chart str, dabei den Chart in der Breite insgesamt 5 x str.

Nach 52 R Chart den rostroten Faden abschneiden und eine Runde Marine in re str, dabei verteilt 18 Ma abn (die ersten 2 Ma zus str und dann jede 6. und 7. Ma zus str = 106 Ma).

Noch 3 cm glatt re in Marine str, Ma locker abk.

Fertigstellung

Fäden vernähen. Die marinefarbenen Blenden nach innen umschlagen und festnähen.

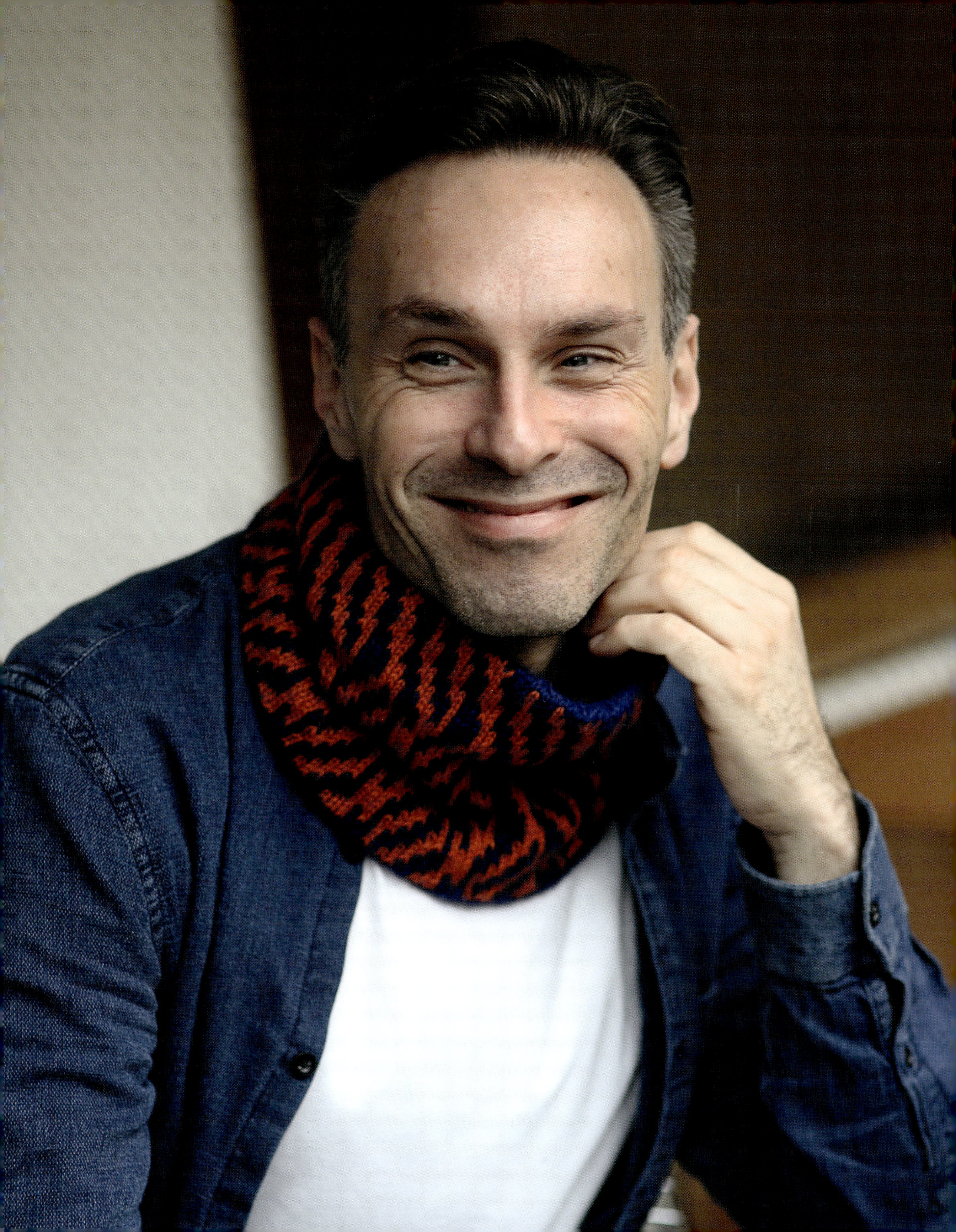

CHART FLAMMENWERFER

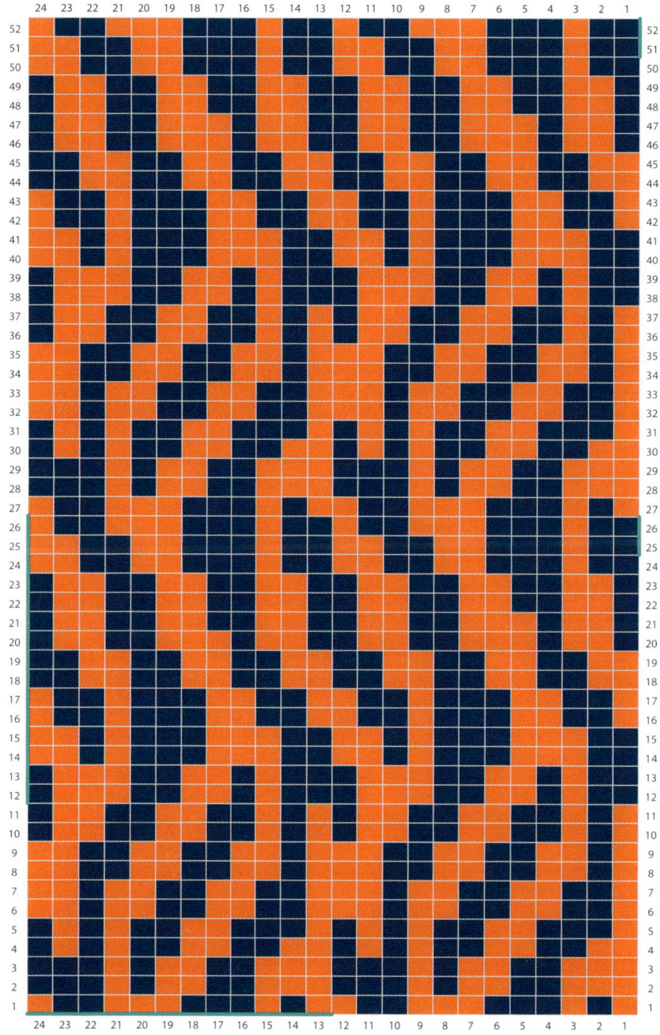

TIPP

Du kannst die Abschlussblende auch so lang stricken, dass sie an die Anschlagkante heranreicht und danach beide Kanten mit einem Maschenstich zusammen genäht werden können. Damit hast du einen Wendecowl mit einer gemusterten und einer einfarbigen Seite.

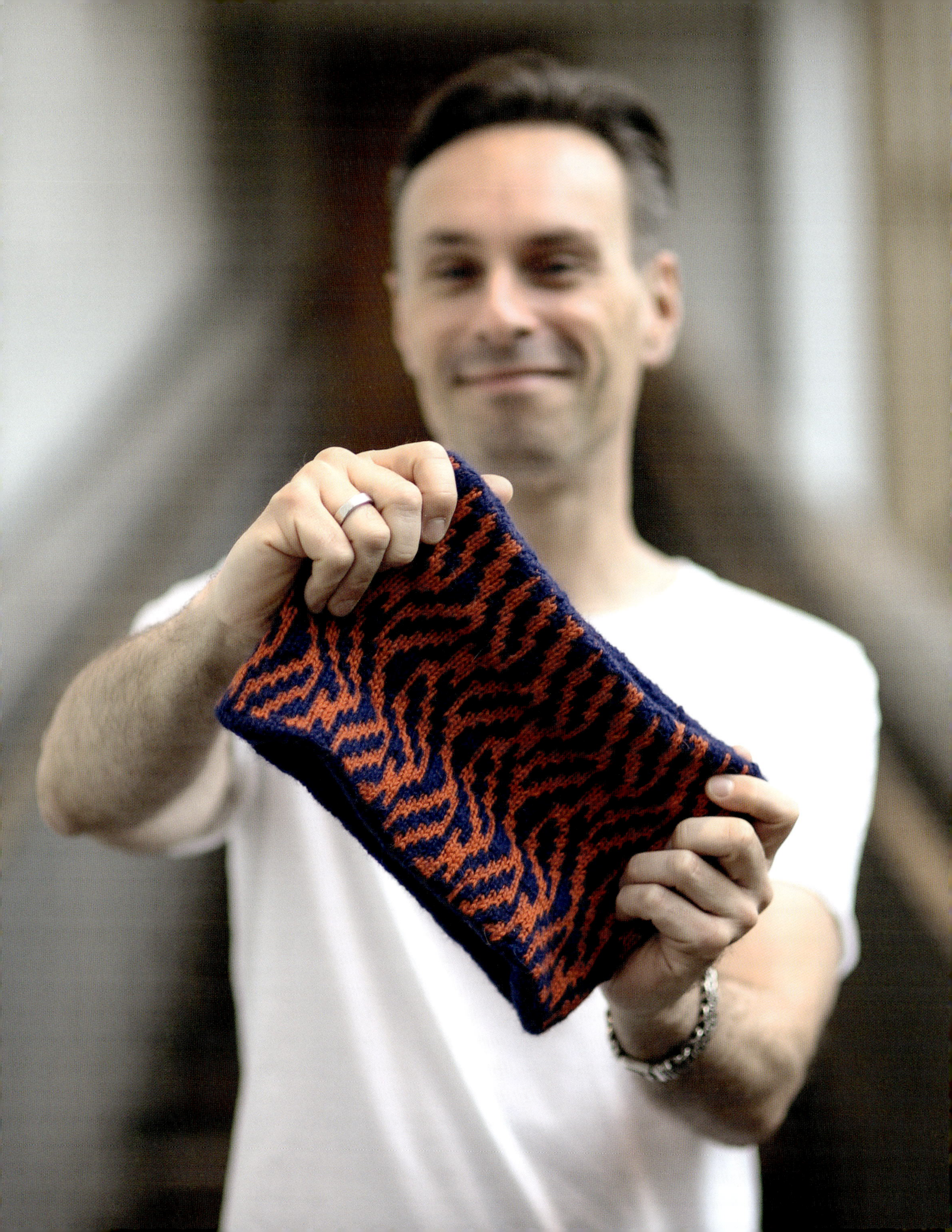

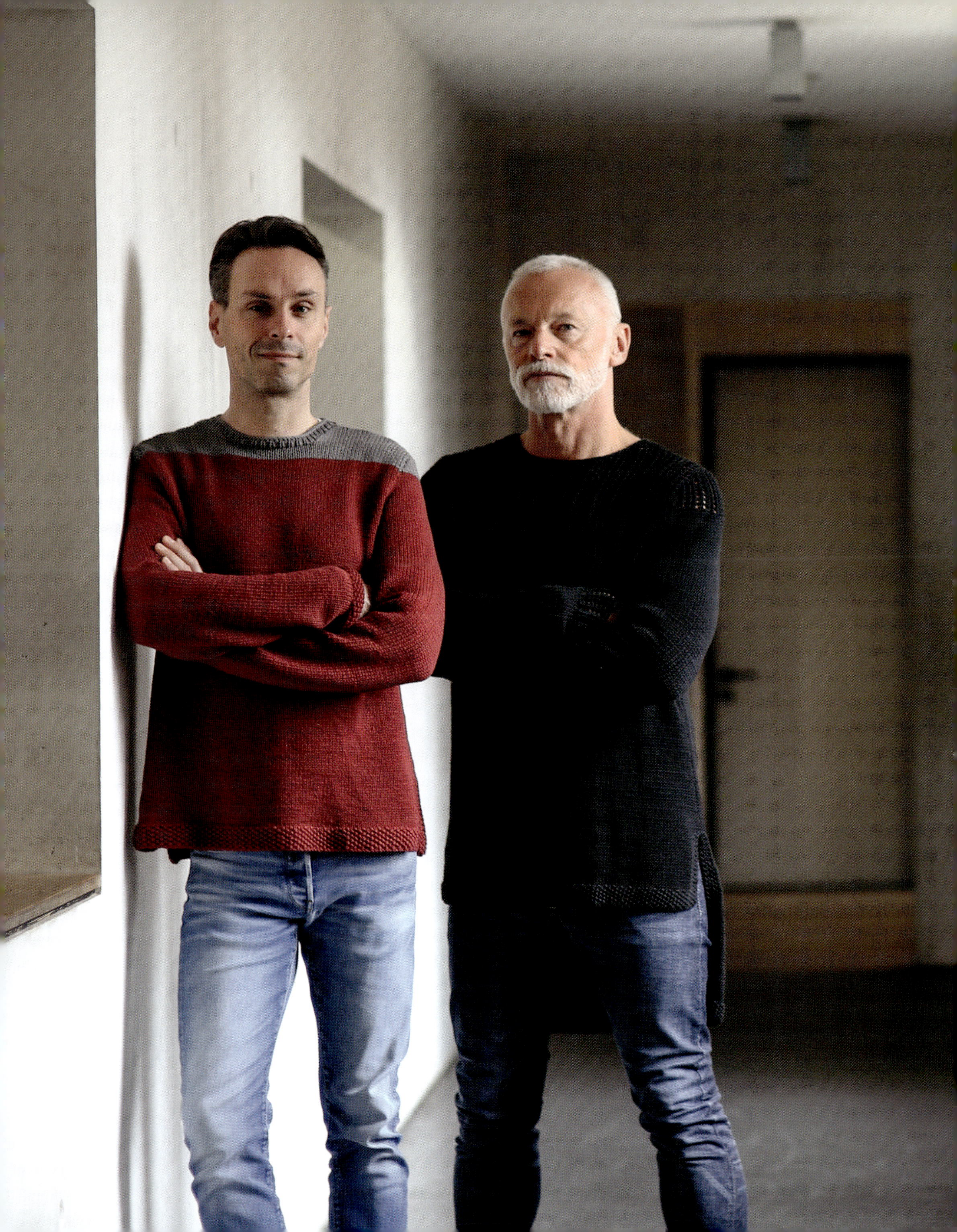

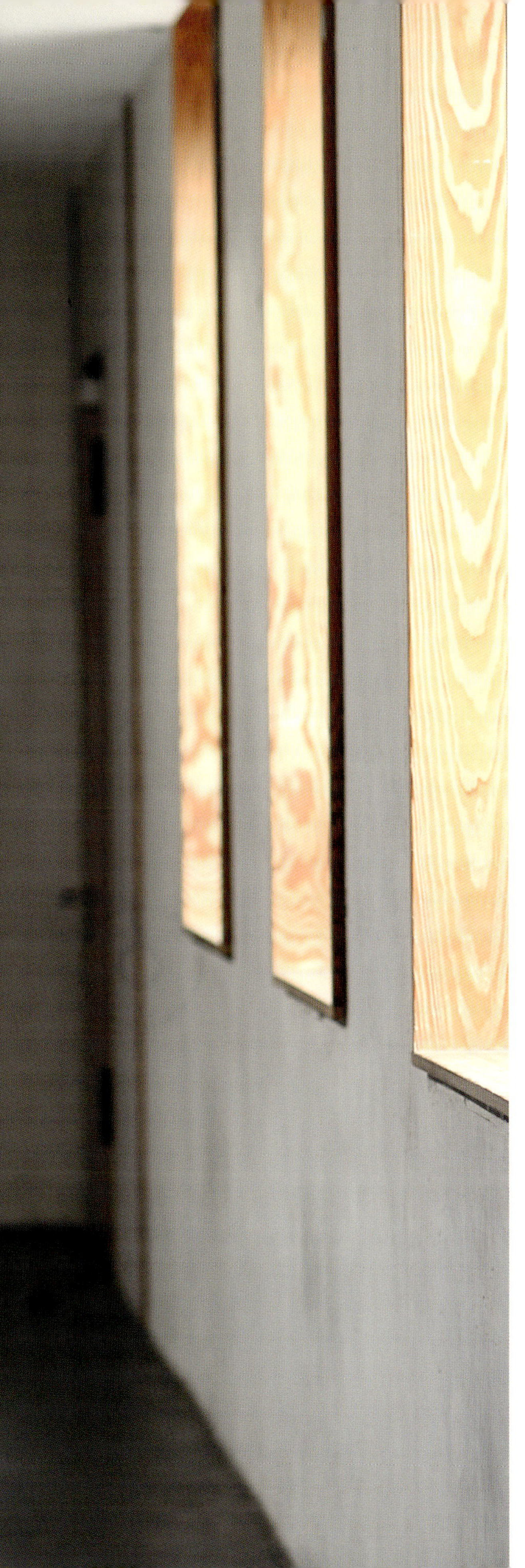

Knappkantig Grau & Nackte Tatsachen

Beide Pullover sind aus Schlauchgarn mit Modal, Seide und Kaschmir gestrickt. Das Schlauchgarn sorgt für ein perfektes, klares Maschenbild und die Garnmischung fühlt sich kühl und weich auf der Haut an – ein wirklich tolles Tragegefühl!

KNAPPKANTIG GRAU ist ein klassischer Rundhalspullover in normaler Länge, den du in deinen Lieblingsfarben stricken kannst.

NACKTE TATSACHEN zeigt Haut und ist asymmetrisch geschnitten – das Rückenteil ist länger als das Vorderteil. Vokuhila kommt wieder!
Beide Pullover haben lässige Seitenschlitze.

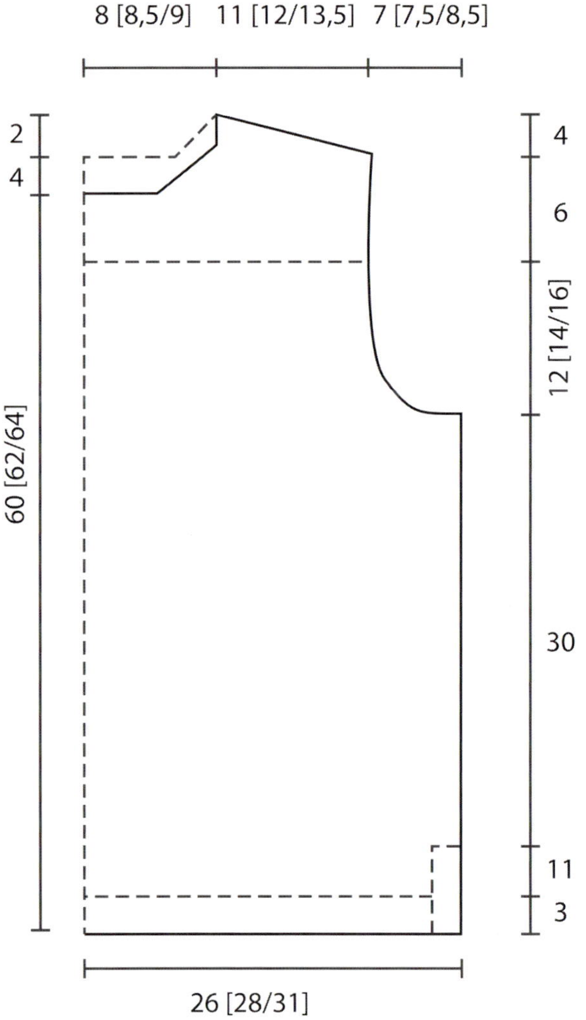
8 [8,5/9]
11 [12/13,5]
7 [7,5/8,5]
2
4
60 [62/64]
4
6
12 [14/16]
30
11
3
26 [28/31]

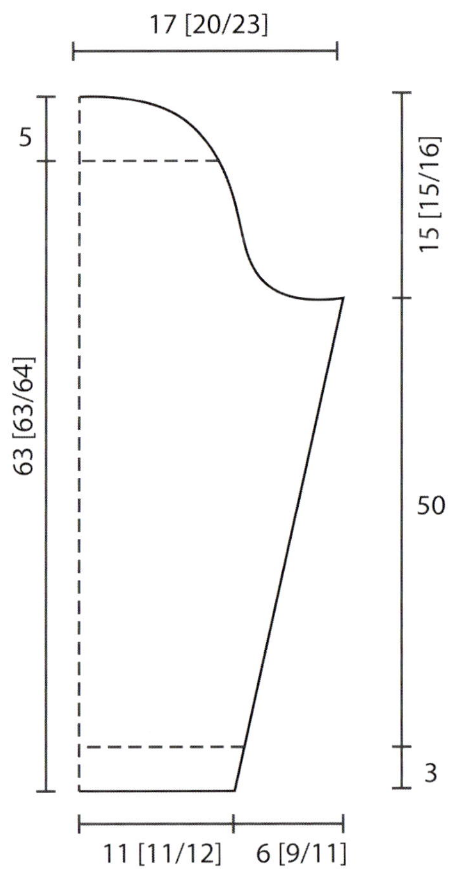
17 [20/23]
5
63 [63/64]
15 [15/16]
50
3
11 [11/12]
6 [9/11]

Grundschnitt

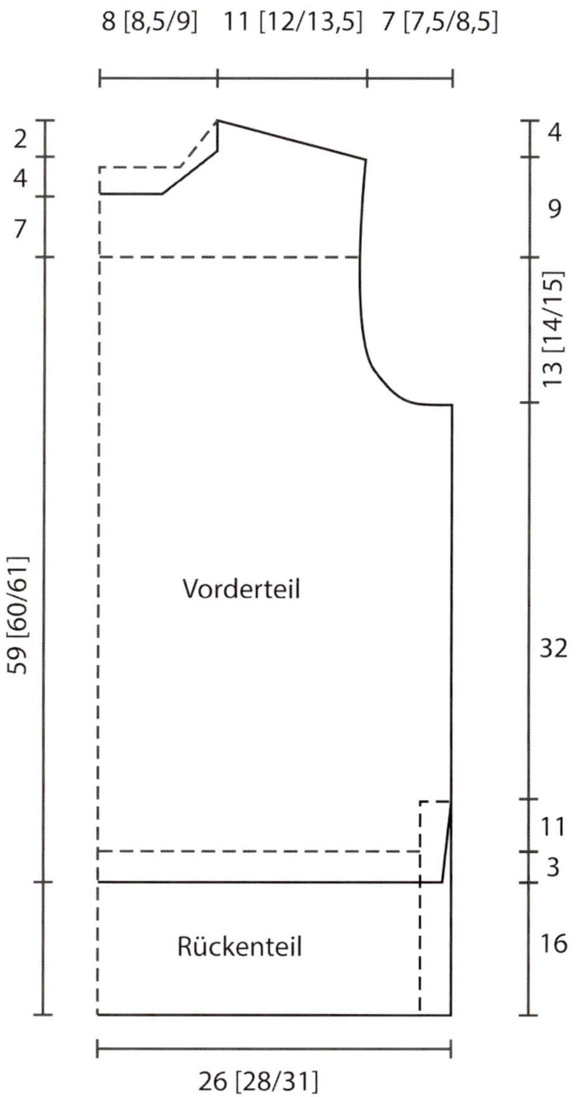

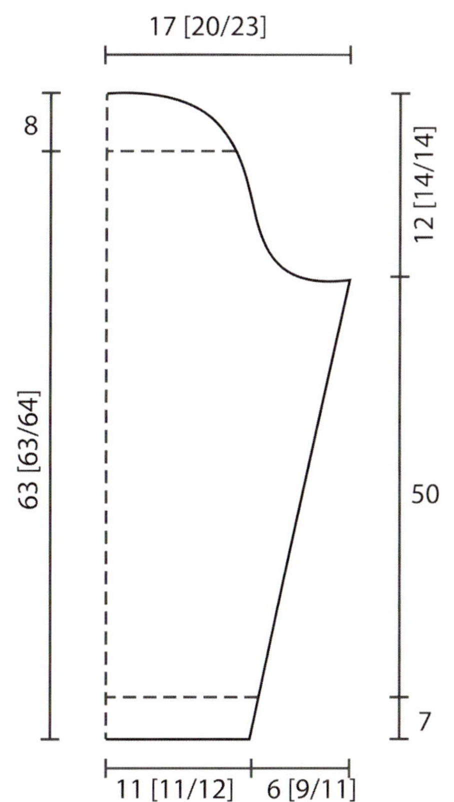

NACKTE TATSACHEN

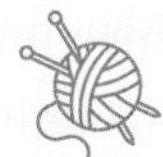

KNAPPKANTIG GRAU

Garn

Cashseta von Lana Grossa
(40 % Modal, 30 % Polyamid, 15 % Kaschmir, 15 % Seide, 50 g/100 m)
13 (14/15) x weinrot (28)
1 (2/2) x granit (03)

Werkzeug

Rundstricknadel NS 5,5 mit 60 cm Seil

Größe

Die Anleitung ist für die Größen M, L und XL. Die Angaben für die Größen L und XL stehen in der Klammer, z. B.: 79 (85/93) Ma anschl.

Maschenprobe

16 Ma, 26 R in NS 6 glatt re sind 10 x 10 cm

Muster

Perlmuster

1. Rd	*1 Ma re, 1 Ma li* von * bis * wdh
2. Rd	*li Ma re str, re Ma li str* von * bis * wdh

Die 2. Reihe fortlaufend wiederholen.

Bündchenmuster in Runden (gerade Maschenzahl):

1. Rd	Rd: *1Ma re, 1 Ma li* von * bis * wdh

Die erste Rd bis zur gewünschten Gesamthöhe wdh.

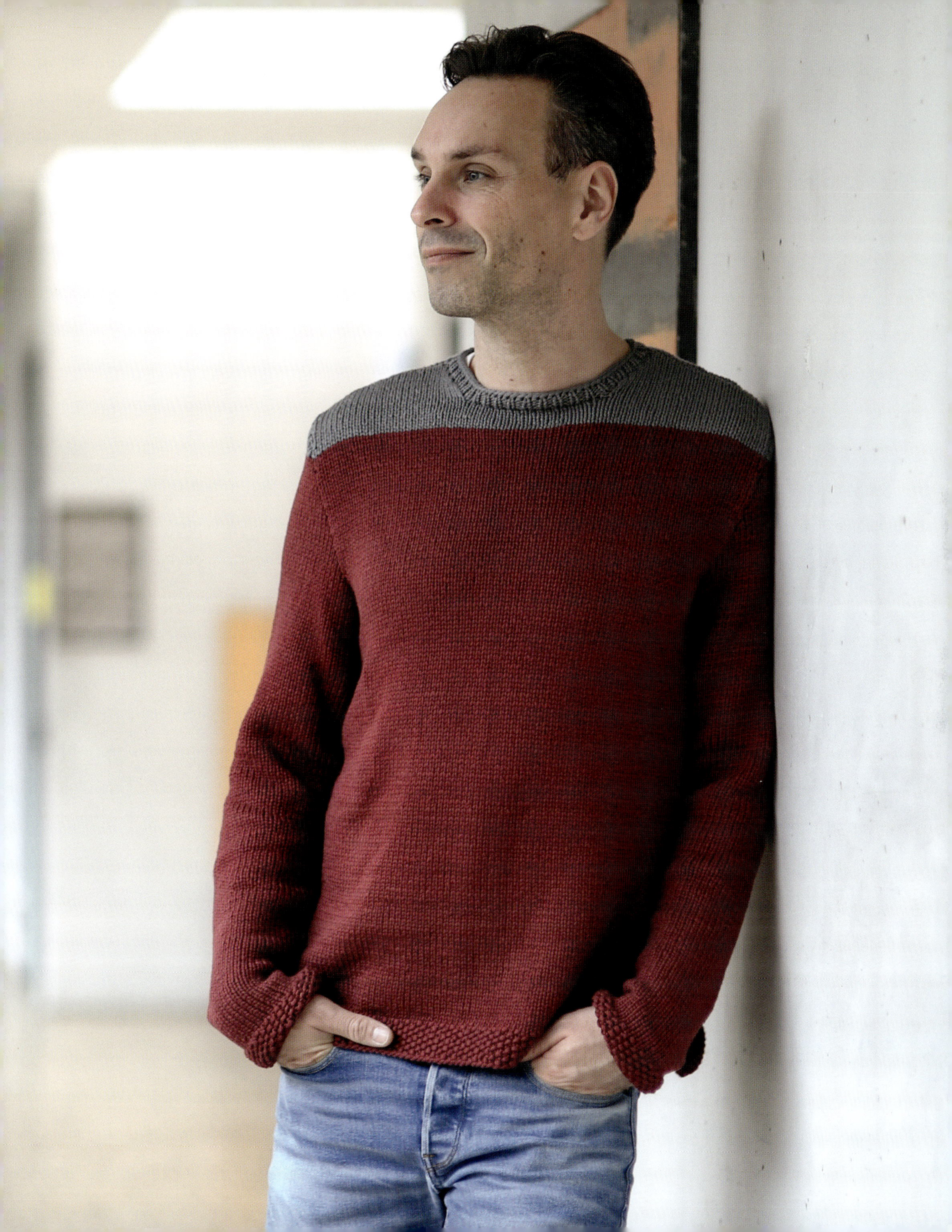

Glatt rechts

1. R	*1 Ma re, 1 Ma li* von * bis * wdh
2. R	*li Ma re str, re Ma li str* von * bis * wdh

Die 1. und 2. R fortlaufend wiederholen.

Stricken

Rückenteil

79 (85/93) Ma anschl und im Perlmuster str.

1. R	(RR): *1 Ma re, 1 Ma li * von * bis * wdh, enden mit einer Ma re
2. R	(HR): alle re Ma li str, alle li Ma re str.

Die 2. R. 7 x wdh., enden mit einer Rückreihe.

10. R	(HR): 4 Ma Perlmuster, alle Ma re bis zu den letzten 4 Ma, 4 Ma Perlmuster
11. R	(RR): 4 Ma Perlmuster, alle Ma li bis zu den letzten 4 Ma, 4 Ma Perlmuster

Die 10. und 11. R wdh bis zu einer Höhe von 14 cm ab Anschlag.

Ab jetzt glatt re weiter stricken, dabei in der 1. Reihe die erste und letzte Ma verdoppeln (81 (87/95) M) und im Weiteren als RM immer re str.

Nach 44 cm ab Anschlag für den Armausschnitt auf jeder Seite wie folgt abk:

1x4, 1x3, 1x2, 1x1 (1x4, 2x3, 1x1/1x4, 2x3, 1x1)

Bis zu einer Höhe ab Anschlag von 56 (58/60) cm str, an dieser Stelle zur Farbe Granit wechseln.

Bei einer Höhe von 62 (64/66) cm auf beiden Seiten für die Schulterschräge 2x5 und 2x4 (3x5, 1x4/1x6, 3x5) Ma abk.

Nach den ersten zwei Reihen Schulterabnahmen auch für den Halsausschnitt die mittleren 17 (19/21) Ma abk. In den folgenden R jeweils 2x2 Ma pro Seite abk.

Vorderteil

Bis zum Farbwechsel Granit genauso wie das Rückenteil str. Im Anschluss weiter str bis zu einer Höhe ab Anschlag von 64 (66/68) cm. Jetzt für den Halsausschnitt die mittleren 13 (15/17) Ma abk. In den folgenden Reihen auf jeder Seite noch 1x2 und 4x1 Ma abk.

Dabei nach dem Abk der 2 Ma gleichzeitig mit den Schulterschrägen beginnen: 2x5 und 2x4 (3x5, 1x4/1x6, 3x5) Ma auf beiden Seiten abk.

Ärmel

Für den Arm 36 (38/40) Ma anschl und im Perlmuster str. Nach 3 cm wechseln zu glatt re. Jetzt auf beiden Seiten jede 8. R 15 x je 1 Ma zun bis zu einer Gesamtmaschenzahl von 66 (68/70) Ma.
Nach einer Höhe von 53 cm ab Anschlag für die Armkugel beidseitig wie folgt abk: 1x4, 1x3, 1x2, 1x1 (1x4, 2x3, 1x1/1x4, 2x3, 1x1). Du hast jetzt noch 46 (46/48) Ma auf der Nadel. Weiter glatt re str, dabei in der Hinreihe immer die ersten und letzten beiden Ma zus str, in der Rückreihe alle Ma li ohne Abnahme arbeiten. Nach 63 (63/64) cm ab Anschlag zur Farbe Granit wechseln und weiter str bis nur noch 6 (6/8) Ma auf der Nadel sind, diese auf einmal abk.

Fertigstellung

Seiten- und Schulternähte schließen, Ärmelnähte schließen und Ärmel einsetzen. Für den Kragen aus dem Halsausschnitt 74 (76/78) Ma auffassen und im Bündchenmuster 2 cm str. Alle Ma re abk.
Fäden vernähen.

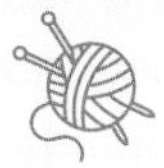

NACKTE TATSACHEN

Garn

Cashseta von Lana Grossa
(40 % Modal, 30 % Polyamid, 15 % Kaschmir, 15 % Seide, 50 g/100 m)
14 (15/16) x schwarz (20)

Werkzeug

Rundstricknadel NS 5,5 mit 60 cm Seil

Größe

Die Anleitung ist für die Größen M, L und XL. Die Angaben für die Größen L und XL stehen in Klammer, z. B.: 79 (85/93) Ma anschl.

Maschenprobe

16 Ma, 26 R in NS 6 glatt re sind 10 x 10 cm

Muster

Perlmuster

1. R	*1 Ma re, 1 Ma li* von * bis * wdh
2. R	*li Ma re str, re Ma li str* von * bis * wdh

Die 2. R fortlaufend wiederholen.

Glatt rechts

1. R	alle Ma re
2. R	alle Ma li

Die 1. und 2. R fortlaufend wiederholen.

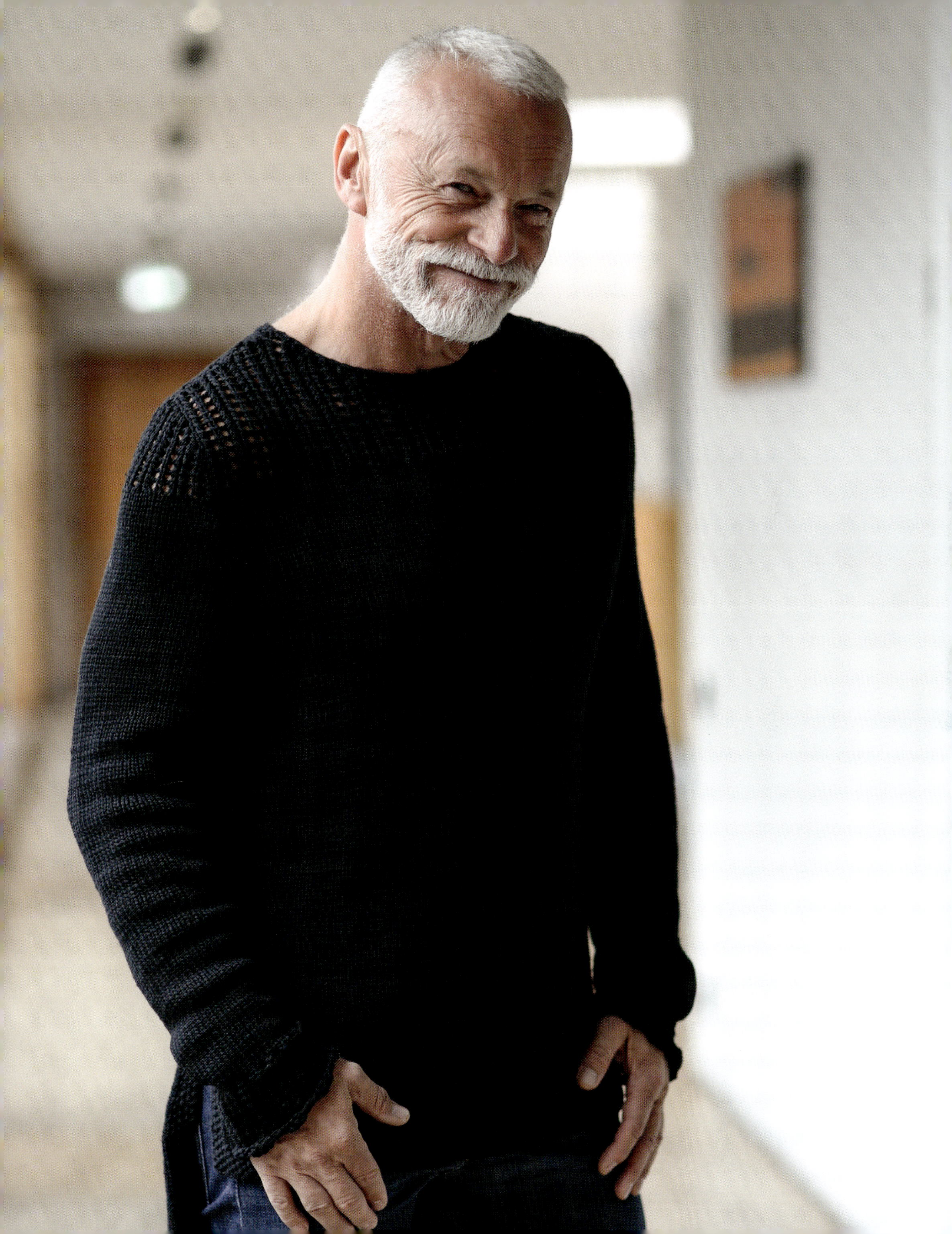

Lochmuster

1. R	RM, *2 Ma re zus str, 1 U, 1 Ma re, 1 U, 1 Ma wie zum re str abh, nächste Ma re, die abgehobene Ma überziehen
2. R	(RR): alle Ma und U li str

Die 1. und 2. R fortlaufend wiederholen.
Der Rapport hat 5 Ma + 2 RM.

Stricken

Rückenteil

79 (85/93) Ma anschl und im Perlmuster str.

1. R	*1 Ma re, 1 Ma li* von * bis * wdh, enden mit einer Ma re
2. R	alle re Ma li str, alle li Ma re str

Die 2. R. 7 x wdh, enden mit einer RR.

10. R	(HR): 4 Ma Perlmuster, alle Ma re bis zu den letzten 4 Ma, 4 Ma Perlmuster
11. R	(RR): 4 Ma Perlmuster, alle Ma li bis zu den letzten 4 Ma, 4 Ma Perlmuster

Die 10. und 11. R wdh bis zu einer Höhe von 30 cm ab Anschlag.

Ab jetzt glatt re weiterstricken, dabei in der 1. Reihe die erste und letzte Ma verdoppeln (81 (87/95) Ma) und im weiteren als RM immer re str.

Nach 62 cm ab Anschlag für den Armausschnitt auf jeder Seite wie folgt abk:

1x4, 1x3, 1x2, 1x1 (1x4, 2x3, 1x1/1x4, 2x3, 1x1)

Weiter arbeiten bis zu einer Höhe ab Anschlag von 75 (76/77) cm, ab jetzt mit dem Lochmuster weiter stricken. In der ersten Reihe Lochmuster 1 Ma zun (2 Ma zun/1 Ma abn) auf 62 (67/72) Ma.

Bei einer Höhe von 84 (85/86) cm auf beiden Seiten für die Schulterschräge 3x5 und 1x4 (1x6, 3x5/2x6, 2x5) Ma abk.

Nach den ersten zwei Reihen Schulterabnahmen für den Halsausschnitt die mittleren 16 (17/20) Ma abk und in den folgenden Reihen noch jeweils 2x2 Ma abk.

Vorderteil

79 (85/93) Ma anschl und im Perlmuster str.

1. R	(RR): *1 Ma re, 1 Ma li* von * bis * wdh, enden mit einer Ma re
2. R	(HR): alle re Ma li str, alle li Ma re str

Die 2. R 7 x wdh, enden mit einer RR.

10. R	(HR): 4 Ma Perlmuster, alle Ma re bis zu den letzten 4 Ma, 4 Ma Perlmuster
11. R	(RR): 4 Ma Perlmuster, alle Ma li bis zu den letzten 4 Ma, 4 Ma Perlmuster

Die 10. und 11. R wdh bis zu einer Höhe von 14 cm ab Anschlag. Ab jetzt glatt re weiterstricken, dabei in der 1. Reihe die erste und letzte Ma verdoppeln (81 (87/95) M) und im weiteren als Randmasche immer re str.

Nach 46 cm ab Anschlag für den Armausschnitt auf jeder Seite wie folgt abk: 1x4, 1x3, 1x2, 1x1 (1x4, 2x3, 1x1/1x4, 2x3, 1x1).

Bis zu einer Höhe ab Anschlag von 59 (50/61) cm stricken. Nun zum Lochmuster wechseln. In der ersten Reihe Lochmuster 1 Ma zun (2 Ma zun /1 Ma abn) auf 62 (67/72) Ma.
Bis zu einer Höhe ab Anschlag von 66 (67/68) cm arbeiten. Für den Halsausschnitt die mittleren 12 (13/16) Ma abk, in den folgenden Reihen auf jeder Seite für den Ausschnitt 1x2, 4x1 Ma abk.

Nach dem Abketten der 2 Ma gleichzeitig beidseitig mit den Schulterschrägen beginnen: 3x5 und 1x4 (1x6, 3x5/2x6, 2x5) Ma abk.

Ärmel

Für den Arm 37 (37/42) Ma anschl und im Lochmuster str. Nach 7 cm wechseln zu glatt re. Jetzt auf beiden Seiten jede 8. R 15 x je 1 Ma zun bis zu einer Gesamtmaschenzahl von 67 (67/72).

Nach einer Höhe von 57 cm ab Anschlag für die Armkugel beidseitig wie folgt abk: 1x4, 1x3, 1x2, 1x1 (1x4, 2x3, 1x1/1x4, 2x3, 1x1). Du hast jetzt noch 47 (47/50) Ma auf der Nadel. Weiter glatt re str, dabei in der HR immer die ersten und letzten beiden Ma zus str, in der Rückreihe alle Ma li ohne Abnahme arbeiten. Nach 63 (63/64) cm ab Anschlag zum Lochmuster wechseln. Weiter str bis nur noch 7 (7/8) Ma auf der Nadel sind, diese auf einmal abk.

Fertigstellung

Seiten- und Schulternähte schließen, Ärmelnähte schließen und Ärmel einsetzen. Für den Kragen aus dem Halsausschnitt 74 (76/78) Ma auffassen und sofort wieder glatt re abk. Fäden vernähen.

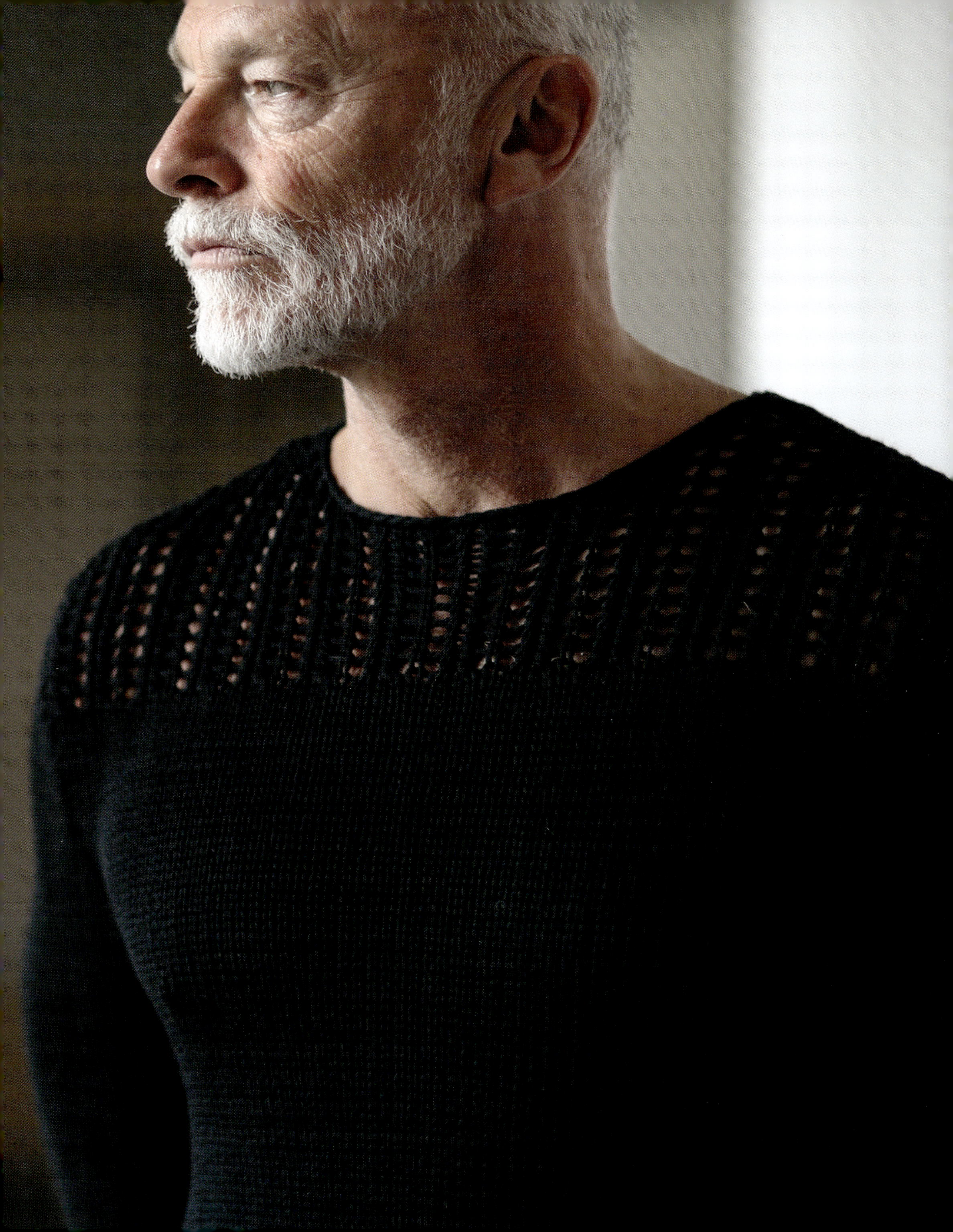

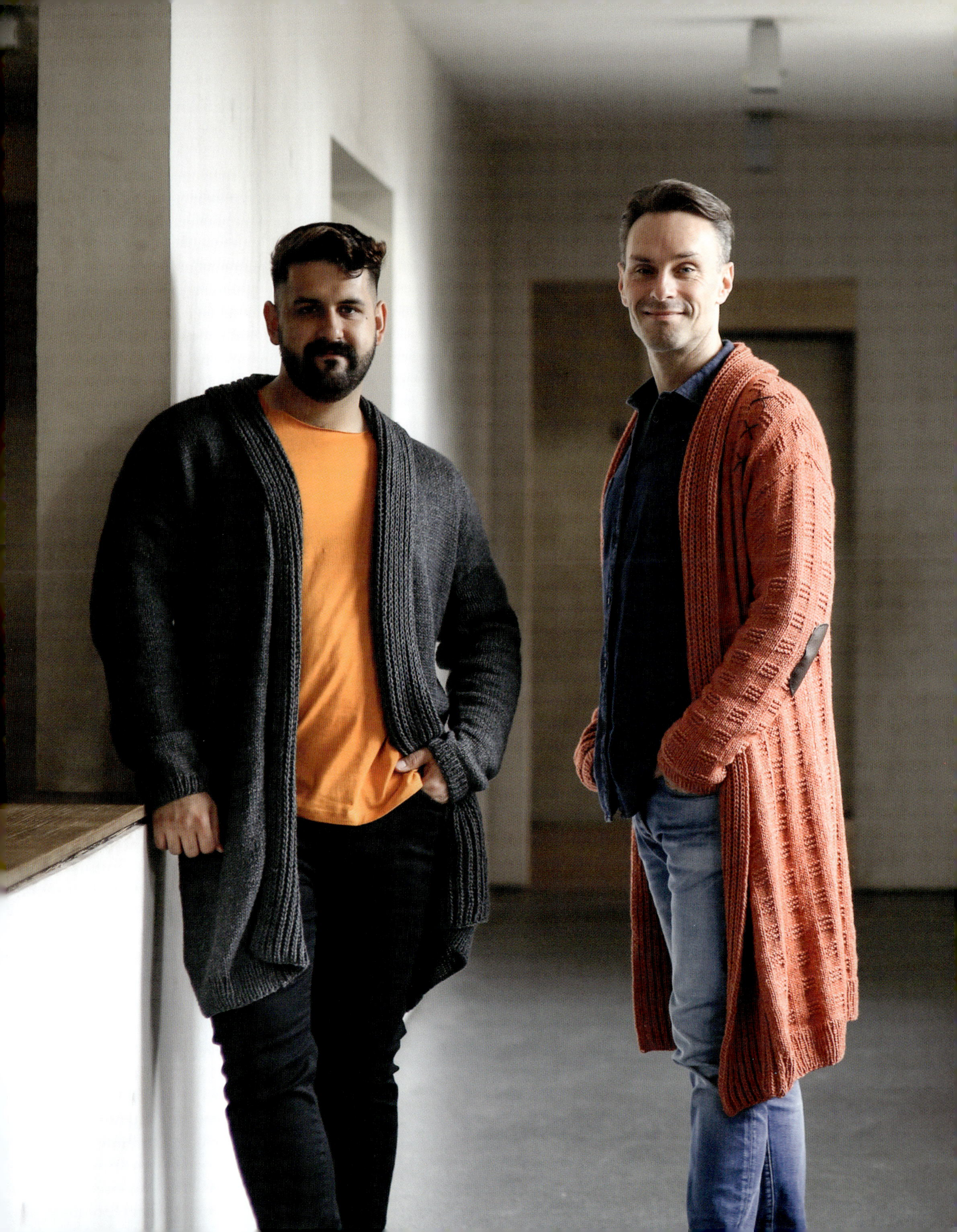

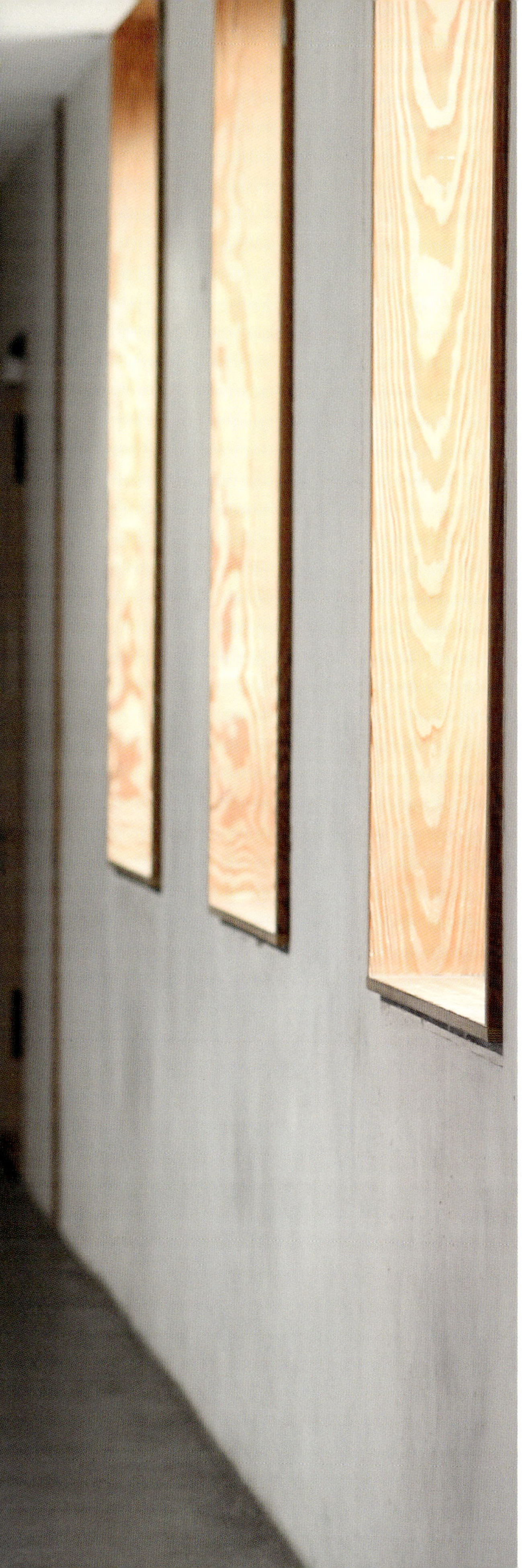

Allzeitbereit & Abgekupfert

Cardigans sehen immer lässig aus. Dieses Modell, mit durchgehendem Schalkragen aus Baumwoll-Kaschmir-Gemisch, zieht jeder Mann gern an – und selten wieder aus.

ALLZEITBEREIT in Grau ist ein klassischer Cardigan, der einfach in jeder Situation passt.

ABGEKUPFERT wird genauso gestrickt, nur statt glatt rechts nimmst du hier ein wirkungsvolles Rechts-links-Muster und pimpst den Cardigan mit Leder. Beide Varianten erhalten den gleichen Schalkragen, der an die fertige Jacke angestrickt wird. Durch verkürzte Reihen passt sich der Kragen perfekt an die Schulterpartie an.

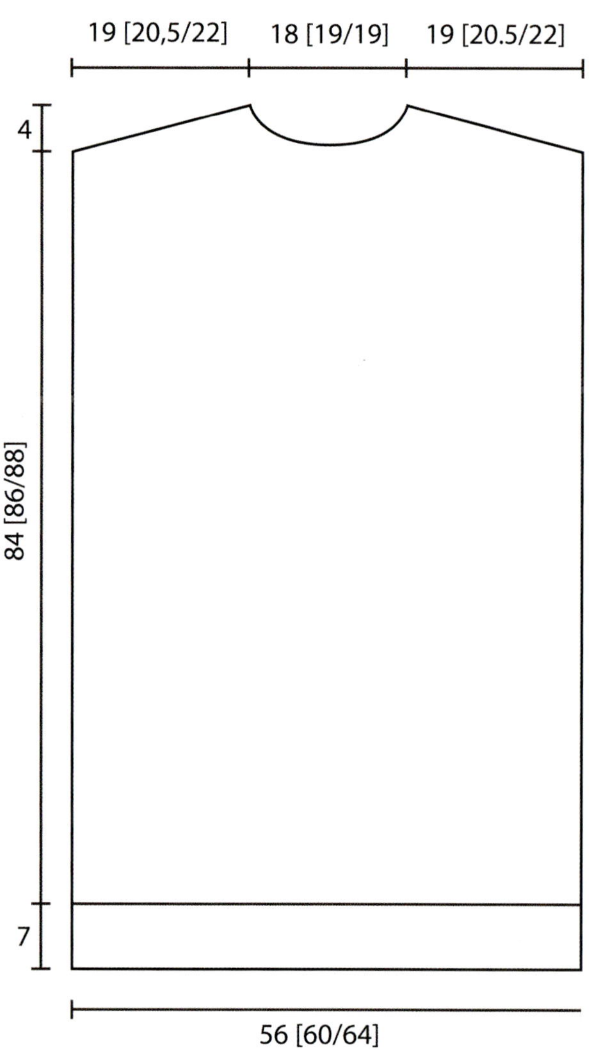
19 [20,5/22]
18 [19/19]
19 [20.5/22]
4
84 [86/88]
7
56 [60/64]

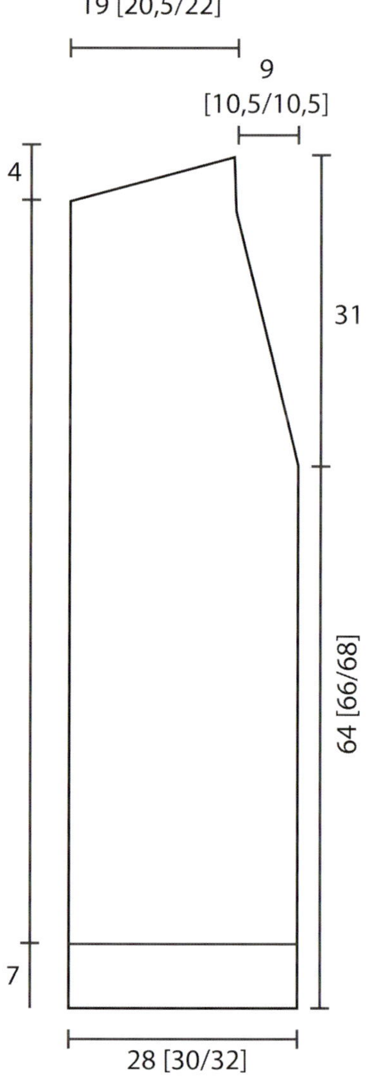
19 [20,5/22]
9
[10,5/10,5]
4
31
64 [66/68]
7
28 [30/32]

Grundschnitt

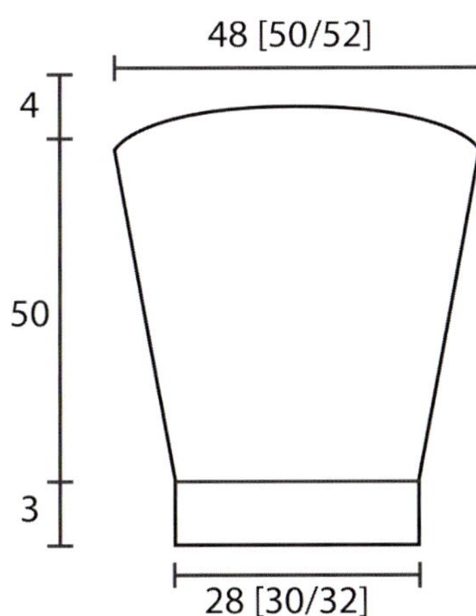

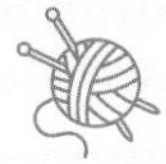

ALLZEITBEREIT

Garn

Fourseason von Lana Grossa
(45 % Schurwolle, 40 % Baumwolle, 15 % Kaschmir, 50 g/105 m)
16 (18/20) x anthrazit (09)

Werkzeug

Rundstricknadel NS 5,5 und NS 6 mit 80 cm Seil

Größe

Größen M, L und XL
Die Angaben für die Größen L und XL stehen in Klammer, z. B.:
Maschenanschlag: 98 (106/110) Ma anschl

Maschenprobe

Glatt rechts

17 Ma, 24 R in NS 6 sind 10 x 10 cm

Patentmuster

16 Ma, 30 R in NS 6 sind 10 x 10 cm

Muster

Bündchenmuster

1. R	*1 Ma re, 1 Ma li* im Wechsel
2. R	alle Ma str wie sie erscheinen

Die 2. R fortlaufend wdh.

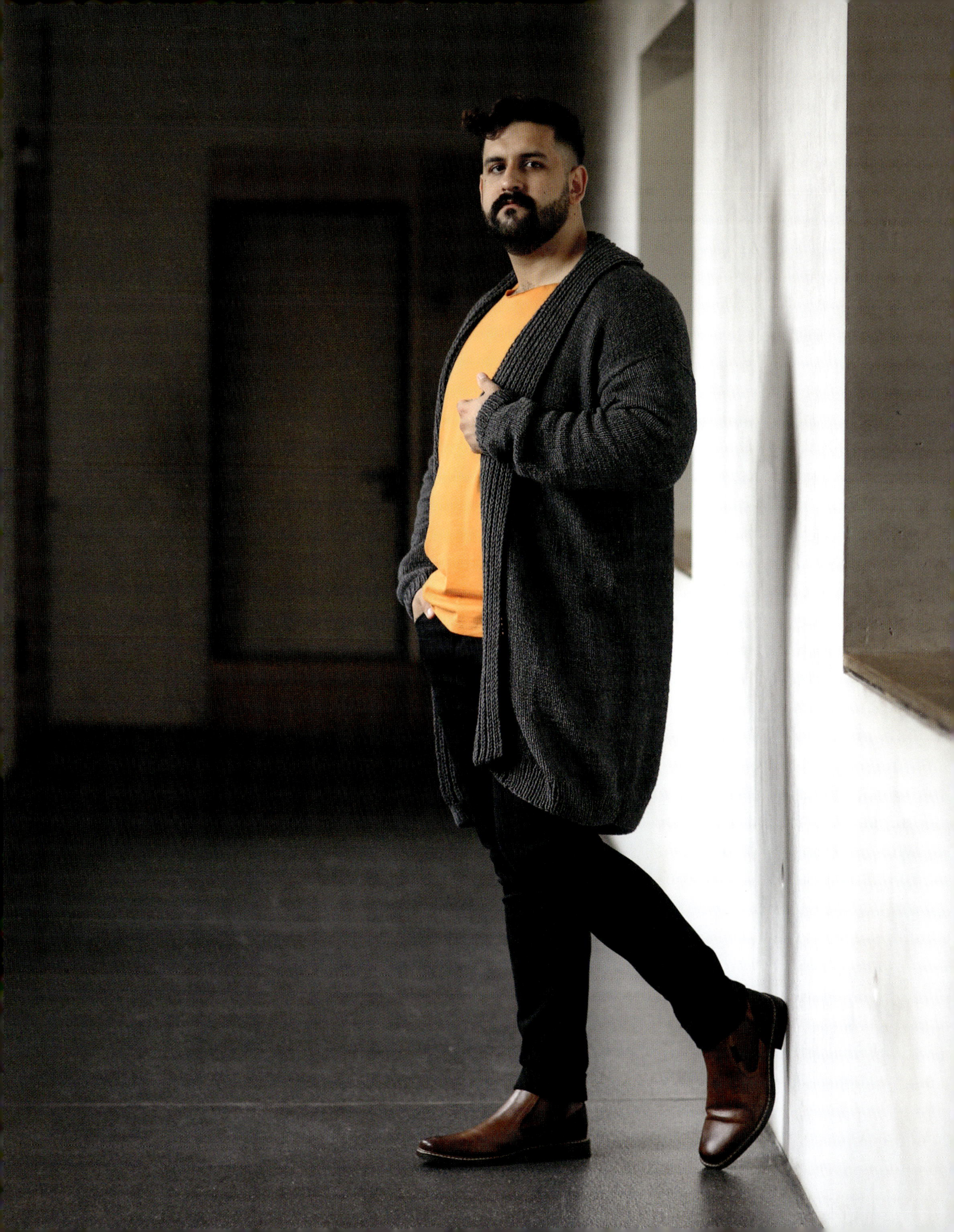

Stricken

Rückenteil

98 (106/110) Ma mit NS 5,5 anschl und 7 cm im Bündchenmuster str. Auf NS 6 wechseln. Jetzt glatt re weiter str, dabei die erste und letzte Ma als RM immer re str. Nach 84 (86/88) cm ab Anschlag für die Schulter beidseitig je 1x12, 2x11 (1x13, 2x12/3x13) Ma abk und zeitgleich für den Halsausschnitt die mittleren 20 Ma abk und in den Folgereihen beidseitig je 1x3, 1x2 (2x3/2x3) Ma abk.

Linkes Vorderteil

49 (53/55) Ma mit NS 5,5 anschl und 7 cm im Bündchenmuster str. Auf NS 6 wechseln. Jetzt glatt re weiter str, dabei die erste und letzte Ma als RM immer re str. Nach 64 (66/68) cm ab Anschlag für den V-Ausschnitt Ma abn. Dafür in jeder 4. HR auf der re Seite des Vorderteils die 2. und 3. Ma re verschr zus str bis zu einer Gesamtmaschenzahl von 34 (37/39). Weiterstricken bis zu einer Höhe von 91 (93/95) cm, jetzt auf der linken Seite in den RR für die Schulter 1x12, 2x11 (1x13, 2x12/3x13) Ma abk.

Rechtes Vorderteil

Gegengleich zum linken Vorderteil arbeiten.

Ärmel

Mit NS 5,5 48 (52/56) Ma anschl und im Bündchenmuster 3 cm str. Dann auf NS 6 wechseln und glatt re weiterstr. Dabei in jeder 6. R je Seite 1 Ma zun bis zu einer Gesamtmaschenzahl von 82 (86/90) Ma. Weiterstr bis zu einer Höhe von 53 cm ab Anschlag, dann je Seite 2x10, 2x9 (4x10/2x11, 2x10) Ma abk. Zum Schluss die letzten 6 Ma abk.

Schalkragen

Schulter und Seitennähte schließen. Beginnend an der vorderen Ecke des linken Vorderteils mit NS 6 Maschen aus dem gesamten Ausschnitt aufnehmen bis zur vorderen Ecke des rechten Vorderteils. Die Aufnahmen immer aus den Knötchen der Randmasche arbeiten (12 Ma aufnehmen pro 10 cm Strickhöhe). Achte darauf, dass du beim Ma aufn immer auf die Vorderseite des Cardigans schaust. Setze dabei einen MM re und links von den 20 Ma, die du beim Rückenteil für den Halsausschnitt abgenommen hast.

Nach der letzten aufgenommenen Ma strickst du noch 25 Ma zusätzlich auf. Das ist die untere Kante des Schalkragens. Siehe dazu auch »Maschen aufstricken« im Technikteil.

Jetzt strickst du die ersten 24 Ma im Patentmuster:

1. R	*1 Ma re, 1 Ma mit U abh*. Von * bis * wdh, die 25. Ma mit der folgenden Ma li zus str, wenden
2. R	1 Ma abh, *Ma und U re zus str, Ma mit U abh*. Von * bis * wdh, letzte Ma li str
3. R	1 Ma abh, *1 Ma mit U abh, Ma und U re zus str*. Von * bis * wdh bis zur 24. Ma, die 25. Ma und die Ma aus dem Seitenrand re zus str, wenden

Die 2. und 3. Reihe fortlaufend wiederholen bis zum 1. Maschenmarkierer.

ACHTUNG:

Das Patentmuster hat eine andere Höhe als das glatt rechte Muster. Daher musst du bei jeder 4. Wiederholung der 3. R die 25. Ma mit den nächsten beiden Ma aus dem Seitenrand re zus str.

Verkürzte Reihen

Um den Schalkragen in einem schönen Bogen um die Schulter zu führen, strickst du ab dem 1. MM verkürzte Reihen. Du beginnst in der ungeraden Reihe und strickst vom äußeren Rand zur Innenseite der Jacke.

1. R	1 Ma abh, *1 Ma mit U abh, Ma und U re zus str* wdh bis zur 21. Ma, die 22. Ma li abh mit Faden vor der Arbeit. Den Querfaden der 22. Ma auf die li Nadel nehmen und li str. Das ist eine sogenannte Schattenmasche. Die 22. Ma ohne zu str auf die li Nadel heben. Arbeit wenden.
2. R	1 Ma abh, *Ma und U re zus str, Ma mit U abh* wdh, letzte Ma li str
3. R	1 Ma abh, *1 Ma mit U abh, Ma und U re zus str* wdh bis 2 Ma vor die letzte Schattenmasche stricken. Die nächste Ma li abh mit Faden vor der Arbeit. Den Querfaden der Arbeit auf die li Ma heben und li abstr. Die dazugehörige Ma ohne zu str auf die li Nadel heben. Arbeit wenden.
4. R	1 Ma abh, *Ma und U re zus str, Ma mit U abh* wdh, letzte Ma li str Die 3. und 4. R solange wiederholen, bis nur noch 3 Ma übrig sind ohne Schattenmaschen. Enden mit einer 4. Reihe.

Nächste Reihe:

Alle Maschen stricken, dabei die Schattenmaschen mit einem Umschlag abh, du hast dann also 3 Maschenbögen. Die letzte Masche wie schon zuvor mit der Masche aus dem Seitenrand zus str, wenden.

Nächste Reihe: 1 Ma abh, 1 Ma mit U abh, Schattenmaschen und Umschlag re zus str wdh bis letzte Ma, 1 Ma li.

Diesen ganzen Mustersatz ab der 1. R »Verkürzte Reihen« noch einmal wdh.

Normal im Patentmuster weiterstricken bis zum 2. MM. Dort ebenfalls zweimal den Mustersatz »Verkürzte Reihen« wdh.

Im normalen Patentmuster weiterstr, weiterhin daran denken, bei jedem 4. zus str gleich 2 Ma der aufgenommenen Ma mit der 25. Ma zus str.

Bis zur letzten aufgenommenen Ma str, alle Ma locker abk.

Fertigstellung

Ärmel einsetzen, Fäden vernähen.

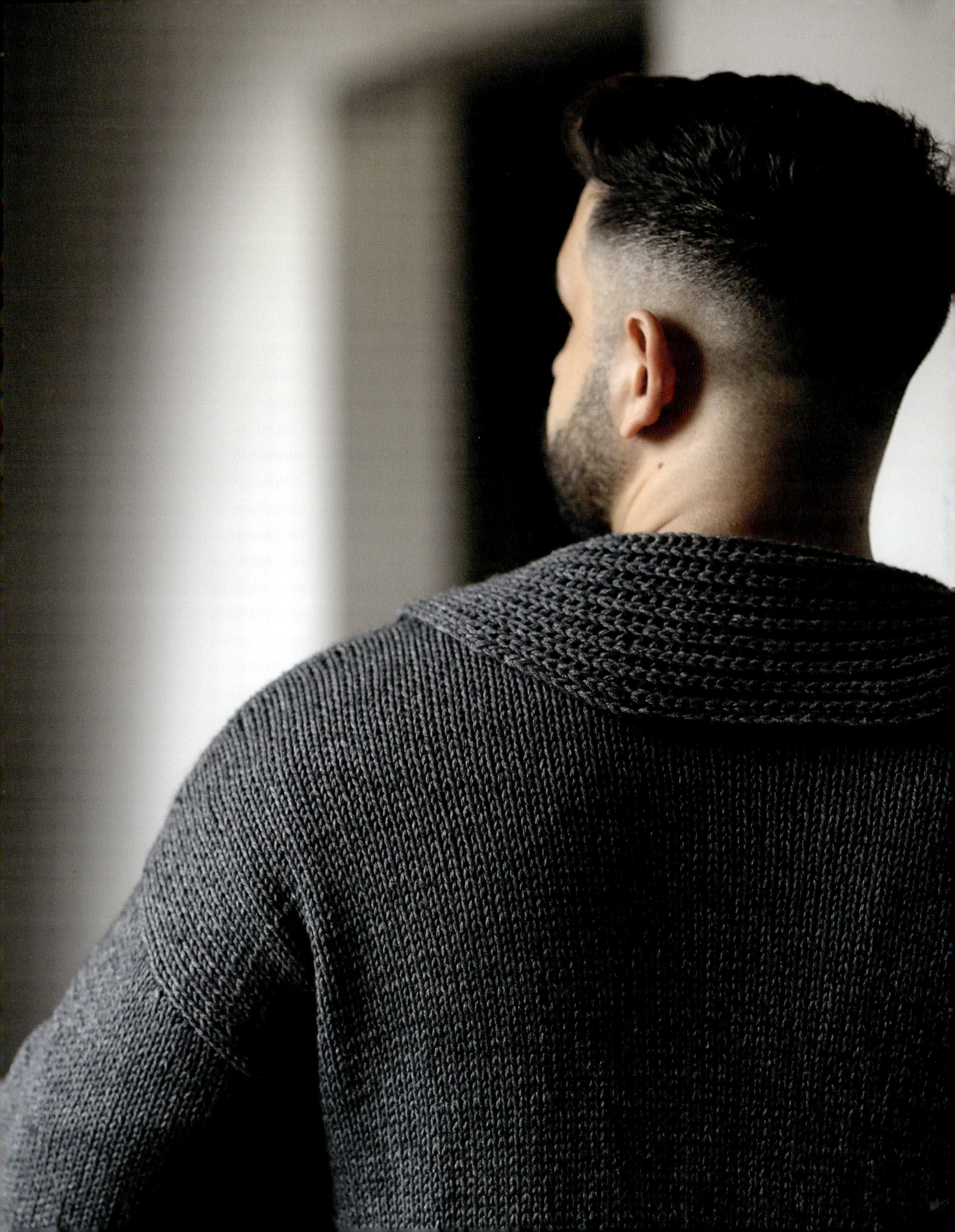

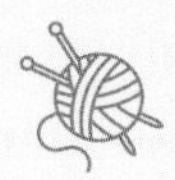

ABGEKUPFERT

Garn

Fourseason von Lana Grossa
(45 % Schurwolle, 40 % Baumwolle, 15 % Kaschmir, 50 g/105 m)
16 (18/20) x Kupfer (15)

Außerdem

2 Kunstlederpatches
3 m Lederschnur braun, 2 mm Durchmesser

Werkzeug

Rundstricknadel NS 5,5 und NS 6 mit 80 cm Seil

Größe

Größen M, L und XL
Die Angaben für die Größen L und XL stehen in Klammer, z. B.:
Maschenanschlag: 98 (106/110) Ma anschl

Maschenprobe

Rechts-Links-Muster

17 Ma, 24 R in NS 6 sind 10 x 10 cm

Patentmuster

16 Ma, 30 R in NS 6 r sind 10 x 10 cm

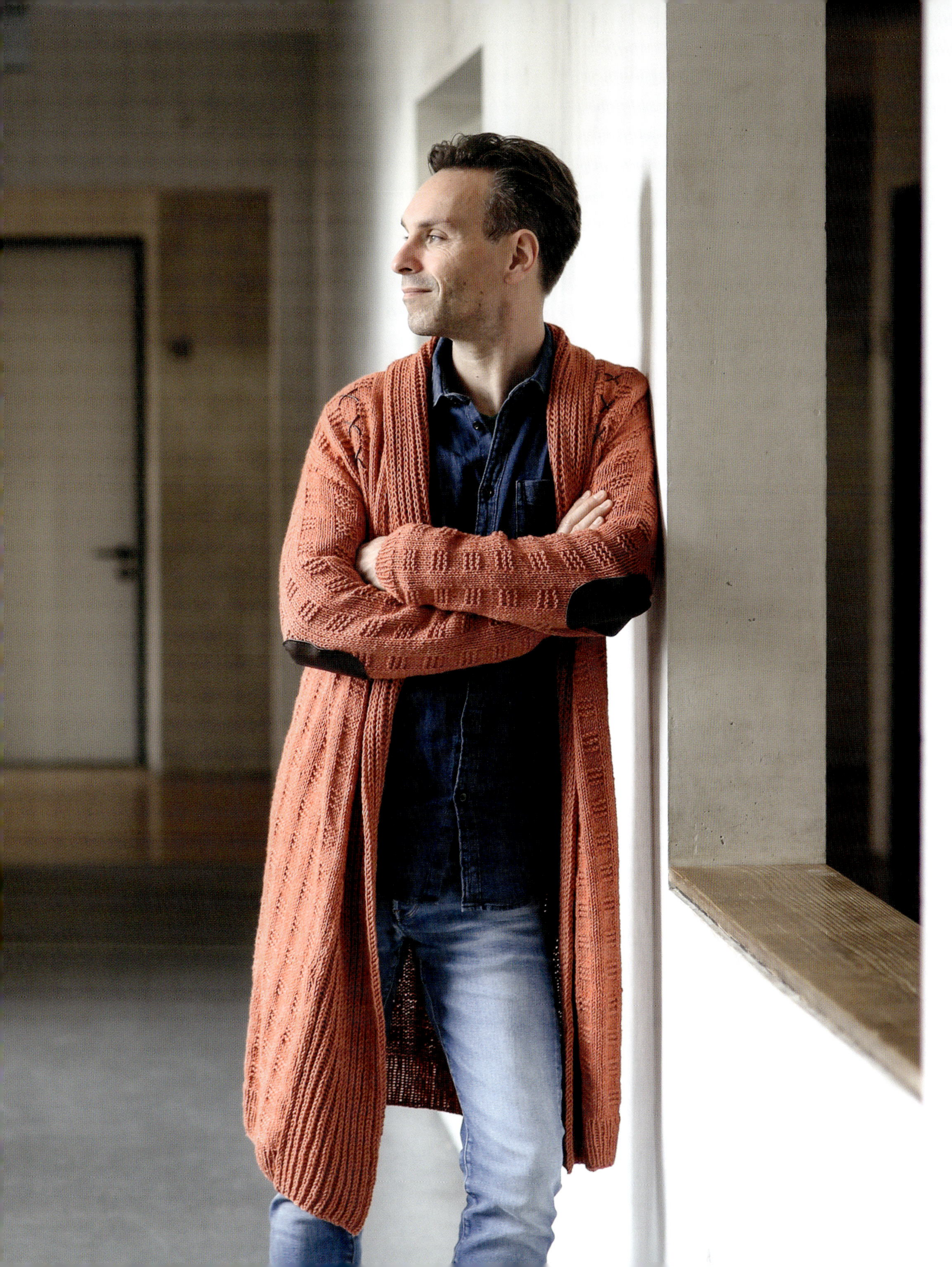

Muster

Bündchenmuster

1. R	1. R: *1 Ma re, 1 Ma li* im Wechsel
2. R	alle Ma str wie sie erscheinen

Die 2. R fortlaufend wdh,

Rechts-Muster

Nach Chart stricken

Stricken

Der Cardigan wird genauso gestrickt wie die klassische Variante, statt glatt rechts strickst du das Muster nach dem Chart.

Fertigstellung

Ärmel einsetzen, Fäden vernähen.
Die Armpatches an die Jacke stecken, angezogen die Position überprüfen und festnähen.
Die Lederschnur kreuzförmig durch die Jacke fädeln und mit Nähfaden fixieren.

CHART
ABGEKUPFERT

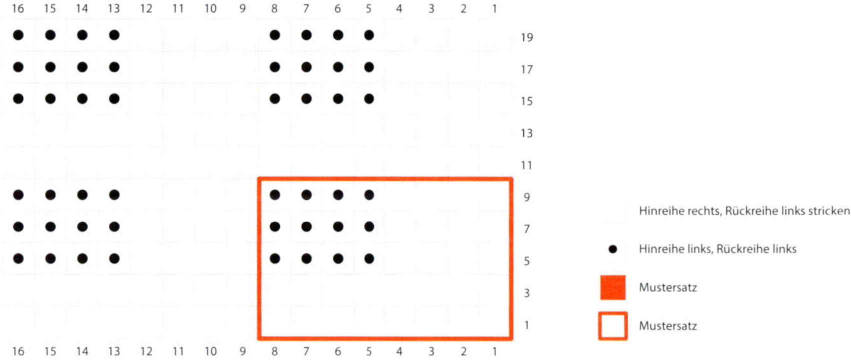

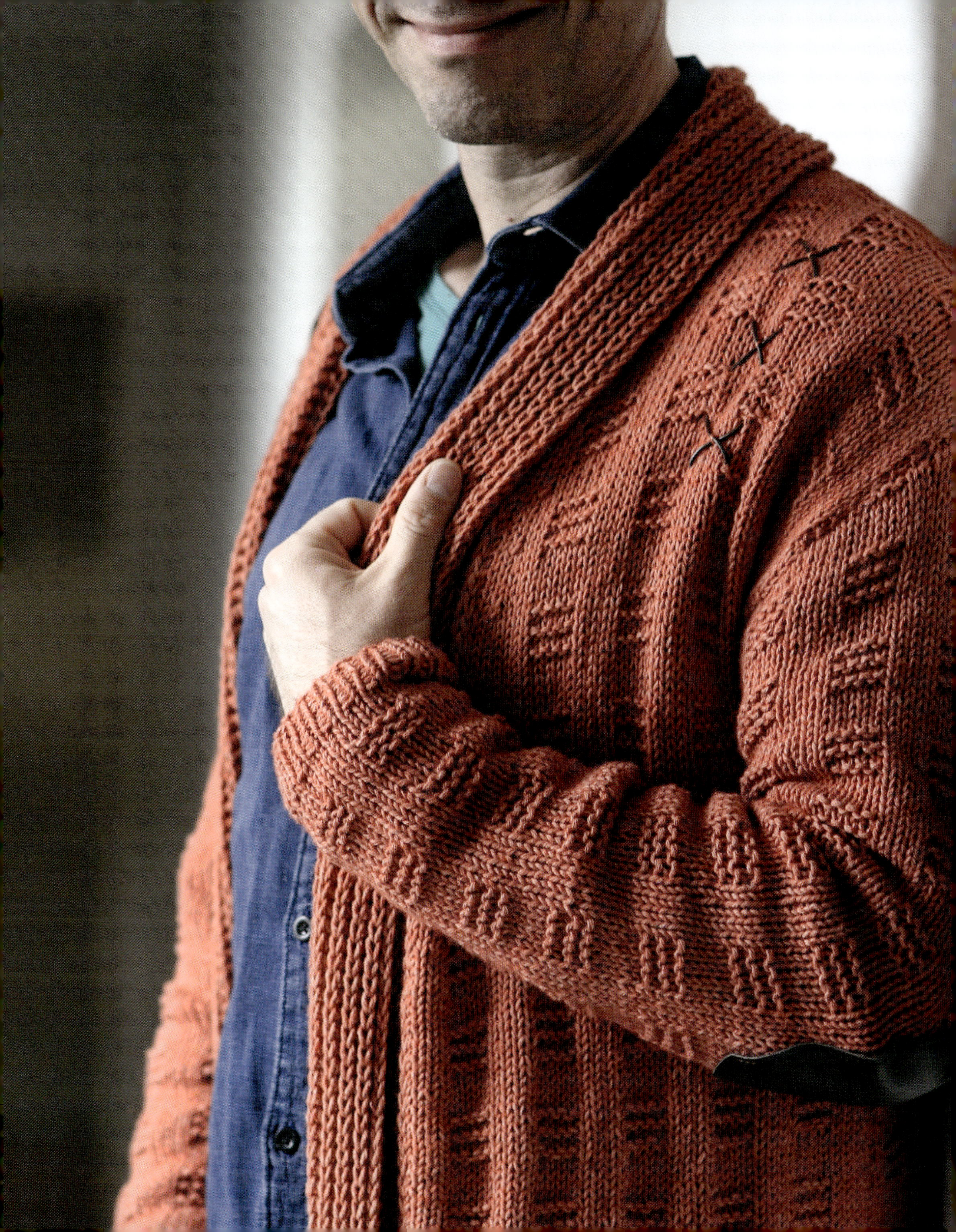

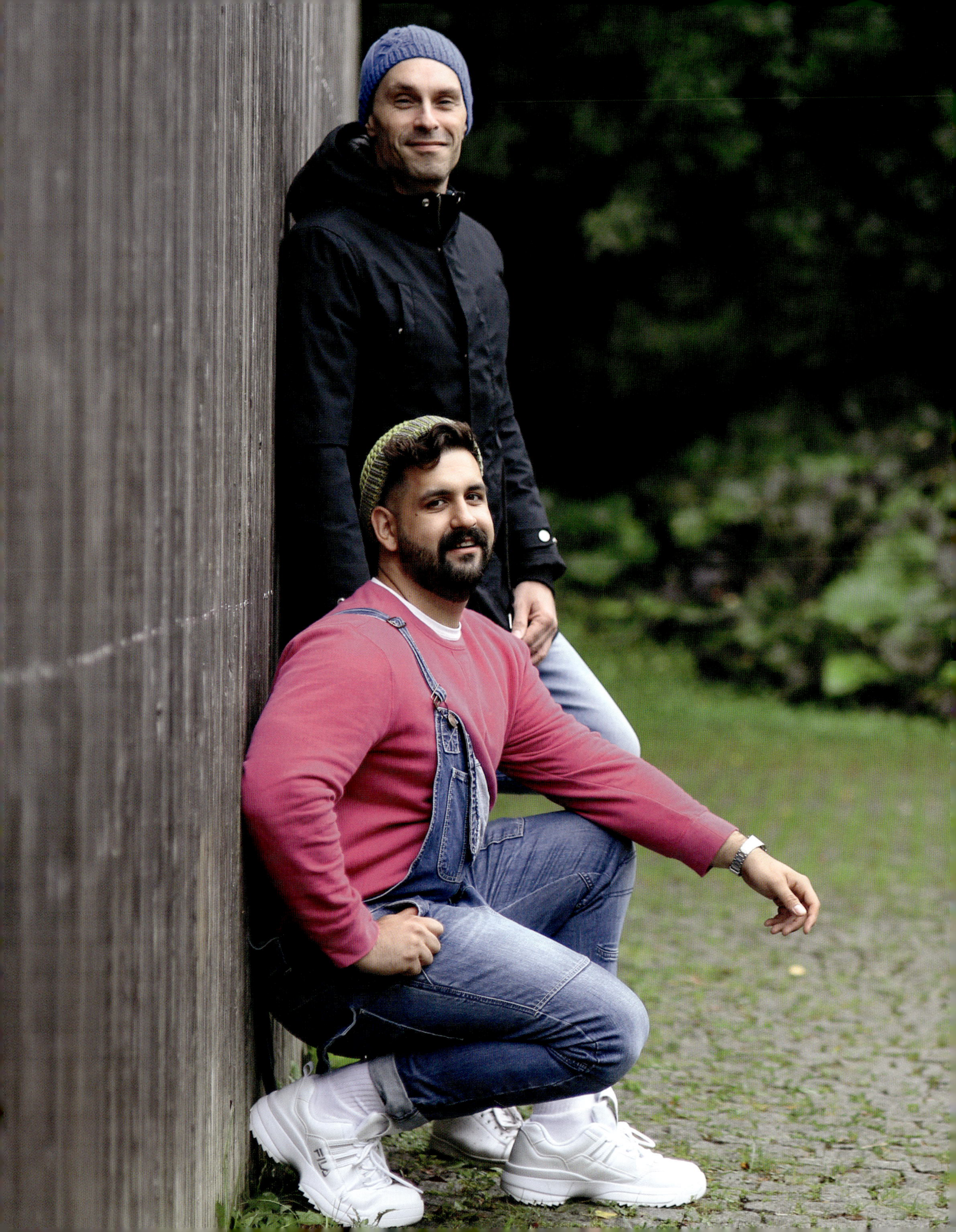

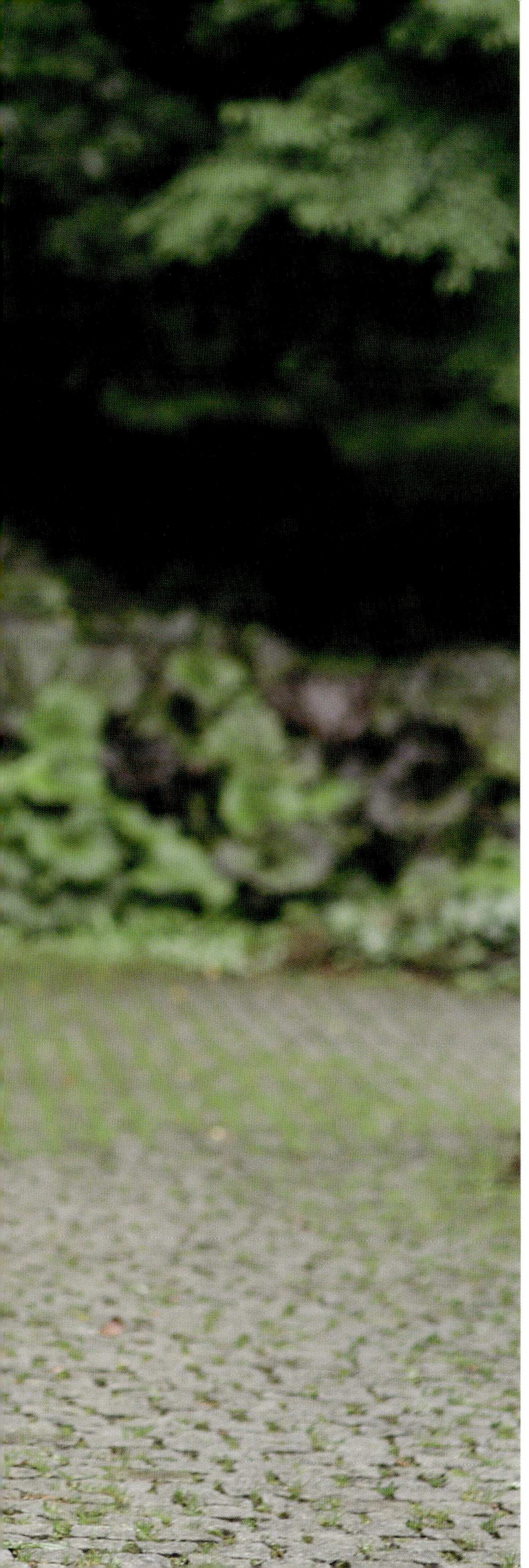

Blaukopf & Ebendaneben

BLAUKOPF ist aus patagonischer Schurwolle und Yak gestrickt – wärmer und kuscheliger geht's nicht am Kopf. Das Zopfmuster ist klein, aber fein.

Auffälliger ist die Mütze aus zweifarbigem Patent, wo sich das Muster unregelmäßig versetzt. In neongelb mit grau wirst du auch in größter Menschenmenge unübersehbar sein.

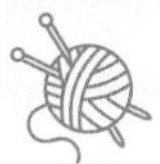

BLAUKOPF

Garn

Yak von Atelier Zitron
(70 % tasmanische Schurwolle Merino
extrafine, 30 % Yak, 100 g/500m)
1 x blau (17)

Werkzeug

Rundstricknadel NS 3,5 und 4 je mit 50 cm Seil

Größe

Die Mütze hat eine Einheitsgröße.

Maschenprobe

24 M, 32 R in glatt re in NS 4 sind 10 cm x 10 cm

Muster

Bündchenmuster

1. Rd	*1 Ma re, 1 Ma li* von * bis * wdh

Die 1. Rd fortlaufend wdh.

Rippenmuster

1. Rd	*3 Ma re, 1 Ma li* von * bis * wdh

Die erste Rd bis zur gewünschten Gesamthöhe wdh.

Zopfmuster

Nach Chart stricken.

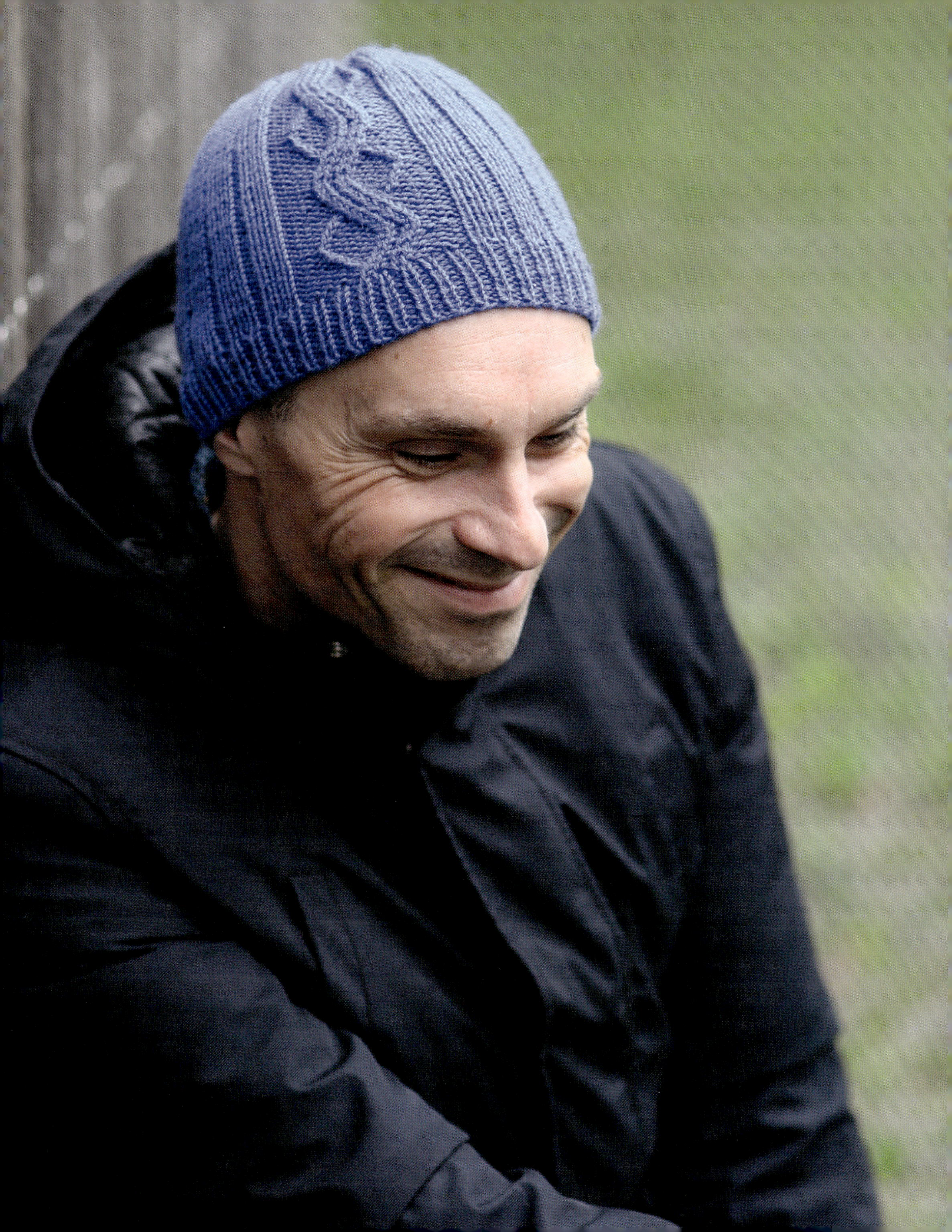

CHART BLAUKOPF

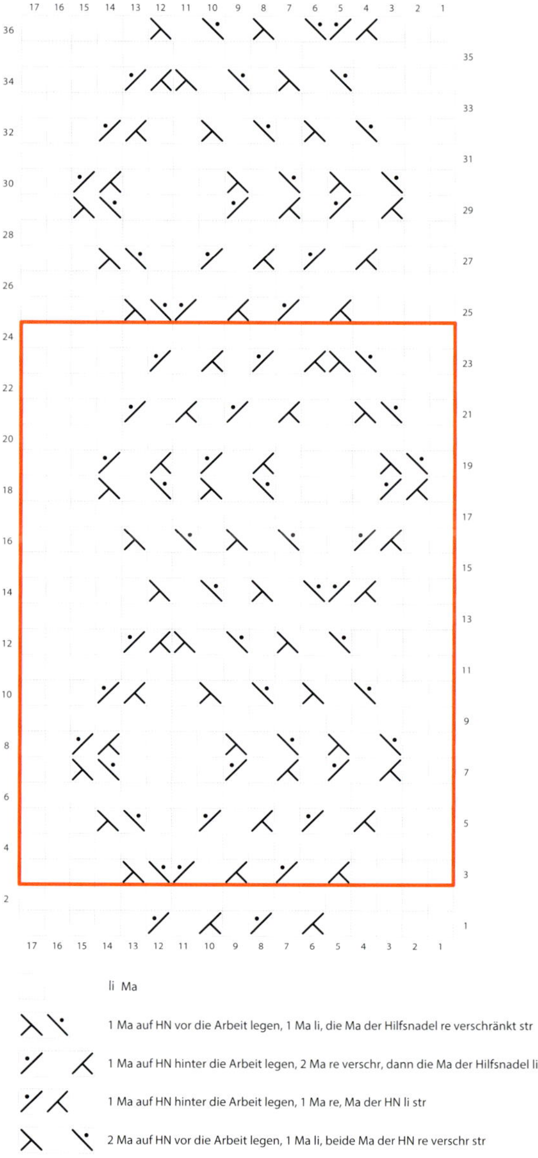

Stricken

Die Mütze wird zweifädig gestrickt. Am besten wickelst du dazu zwei gleich große Knäuel.

100 Ma anschl mit NS 3,5. Zur Runde schließen und im Bündchenmuster 11 Rd str.

Auf NS 4 wechseln. 43 Ma im Rippenmuster str, enden mit 3 Ma re, dann den Chart str (17 Ma) und weiter im Rippenmuster str, beginnend mit 3 Ma re.

Den Chart 1 x wdh.

49. Rd	alle Ma re, dabei immer 2 Ma zus str (50 Ma)
50. - 54. Rd	glatt re str
55. Rd	alle Ma re, dabei immer 2 Ma zus str (25 Ma)
56. - 58. Rd	alle Ma re
59. Rd	alle Ma re, dabei immer 2 Ma re zus str, die letzte Ma re str (13 Ma)

Fertigstellung

Den Faden ausreichend lang abschneiden, durch eine Wollnadel ziehen und damit alle Maschen aufnehmen und gleichzeitig von der Stricknadel gleiten lassen. Vorsichtig zusammenziehen, so dass das Loch geschlossen wird und den Faden auf links ziehen. Zum Schluss noch alle Fäden vernähen.

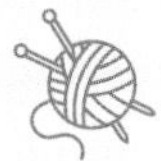

EBENDANEBEN

Garn

Herbstwind von Atelier Zitron
(100 % tasmanische Schurwolle Merino extrafine, 50 g/165m)
1 x Mittelgrau (03)
1 x Pistazie (29)

Werkzeug

Rundstricknadel NS 3,5 mit 50 cm Seil

Größe

Die Mütze hat eine Einheitsgröße

Maschenprobe

27 Ma und 36 R in NS 3,5 glatt re sind 10 x 10 cm

Stricken

98 Ma in Pistazie anschl und zur Runde schließen.

1. Rd	(Mittelgrau): *1 Ma mit U abh, 1 Ma li* von * bis * wdh
2. Rd	(Pistazie): *Ma und U re zus str, 1 Ma mit U abh* von * bis * wdh
3. Rd	(Mittelgrau): *1 Ma mit U abh, Ma und U li zus str* von * bis * wdh

Die 2. und 3. Rd 8 x wdh.

20. Rd	(Pistazie): alle Ma re
21. Rd	(Mittelgrau): *1 Ma li, 1 Ma mit U abh* von * bis * wdh
22. Rd	(Pistazie): *1 Ma mit U abh, Ma und U re zus str* von * bis * wdh
23. Rd	(Mittelgrau): *Ma und U li zus str, 1 Ma mit U abh* von * bis * wdh

Die 22. und 23. Rd 7 x wdh.

38. Rd	alle Ma re
39. Rd	Rd: wie 1. bis 3. Rd str

Die 1. und 2. Rd 6 x wdh.

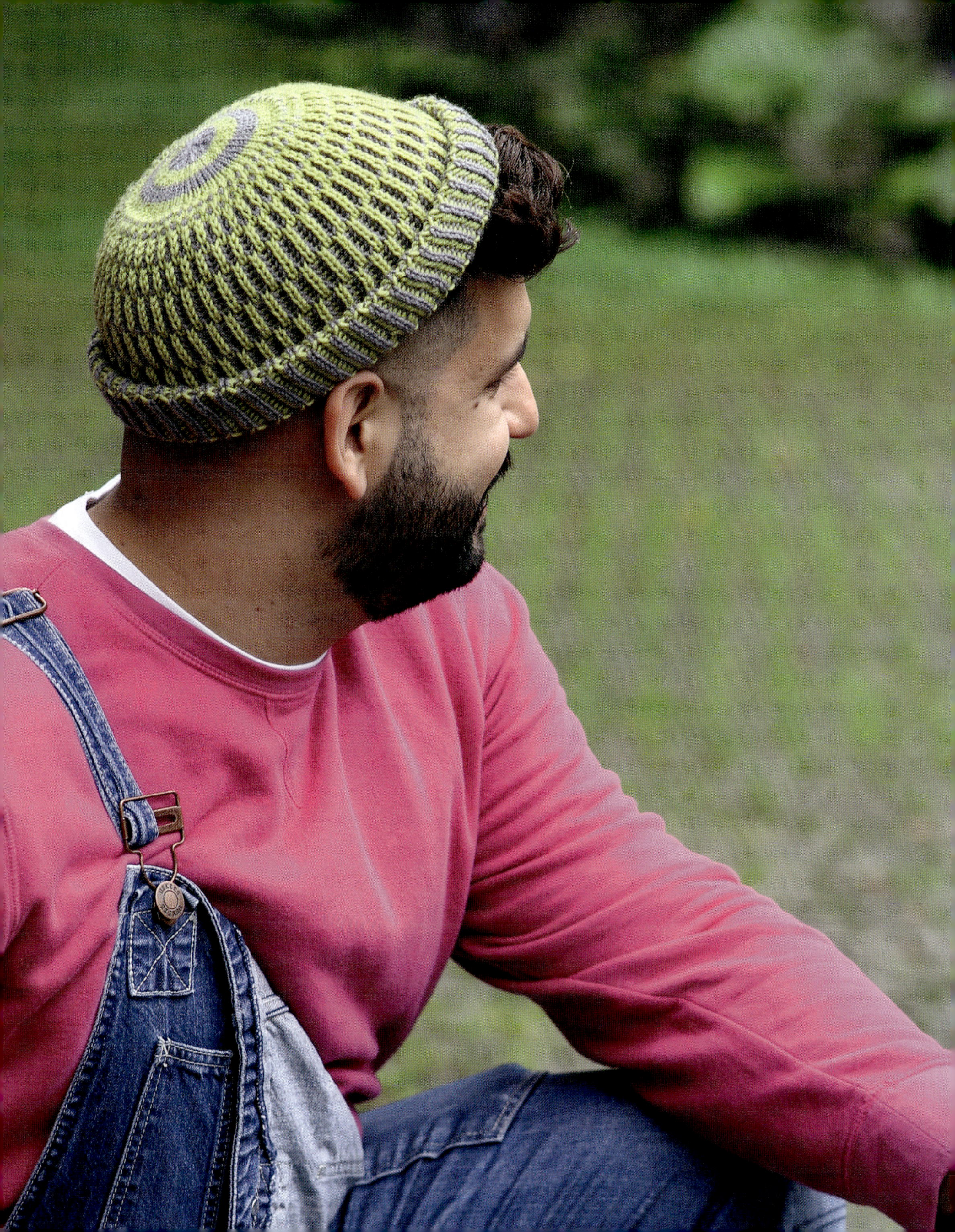

54. Rd	alle Ma re
55. - 57. Rd	Rd: wie 21. bis 23. Rd str

Die 22. und 23. Rd 5 x wdh.

68. Rd	(Pistazie): alle Ma re
69. - 71. Rd	wie 1. bis 3. Rd str

Die 1. und 2. Rd 4 x wdh.

80. Rd	alle Ma re
81. - 83. Rd	wie 21. bis 23. Rd str

Die 22. und 23. Rd 3 x wdh.

90. Rd	(Pistazie): alle Ma re
91. - 93. Rd	Rd: wie 1. - 3. Rd str

Die 1. und 2. Rd 2 x wdh.

96. Rd	(Pistazie): alle Ma re
97.-99. Rd	wie 21. - 23. Rd str

Die 22. und 23. Rd 1 x wdh.

102. Rd	(Pistazie): alle Ma re, dabei immer 2 Ma re zus str (49 Ma)
103.- 104. Rd	alle Ma re
105.- 108. Rd	(Mittelgrau): alle Ma re
109. Rd	(Pistazie): alle Ma re
110. Rd	*2 Ma re zus str, 1 Ma re* von * bis * wdh, letzte Ma re (37 Ma)
111. Rd	alle Ma re
112. Rd	(Mittelgrau): alle Ma re
113. Rd	*2 Ma re zus str, 1 Ma re* von * bis * wdh, letzte Ma re (25 Ma)
104.- 115. Rd	alle Ma re

Fertigstellung

Den Faden ausreichend lang abschneiden, durch eine Wollnadel ziehen und damit alle Maschen aufnehmen und gleichzeitig von der Stricknadel gleiten lassen. Vorsichtig zusammenziehen, so dass das Loch geschlossen wird. Den Faden auf links ziehen und alle Fäden vernähen.

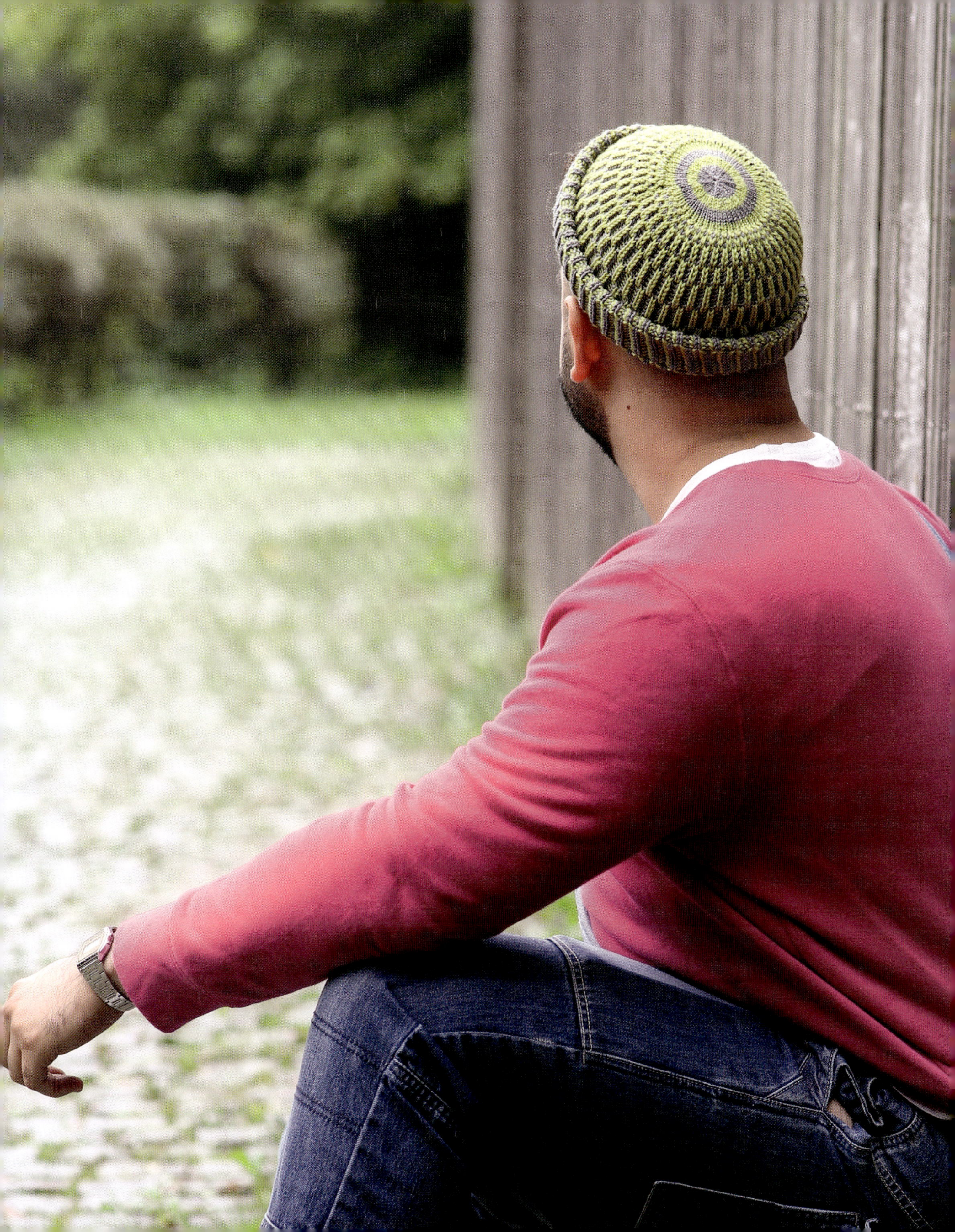

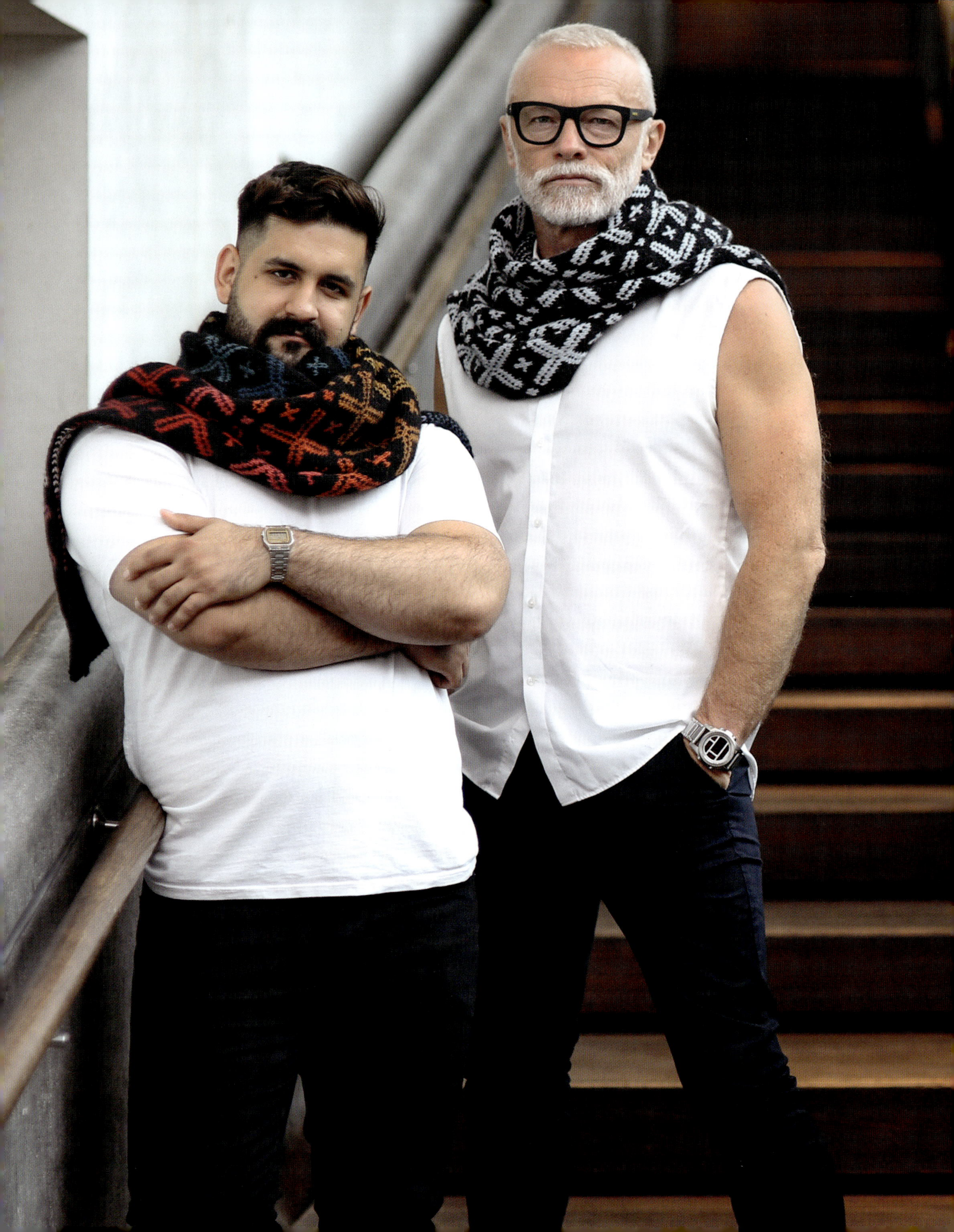

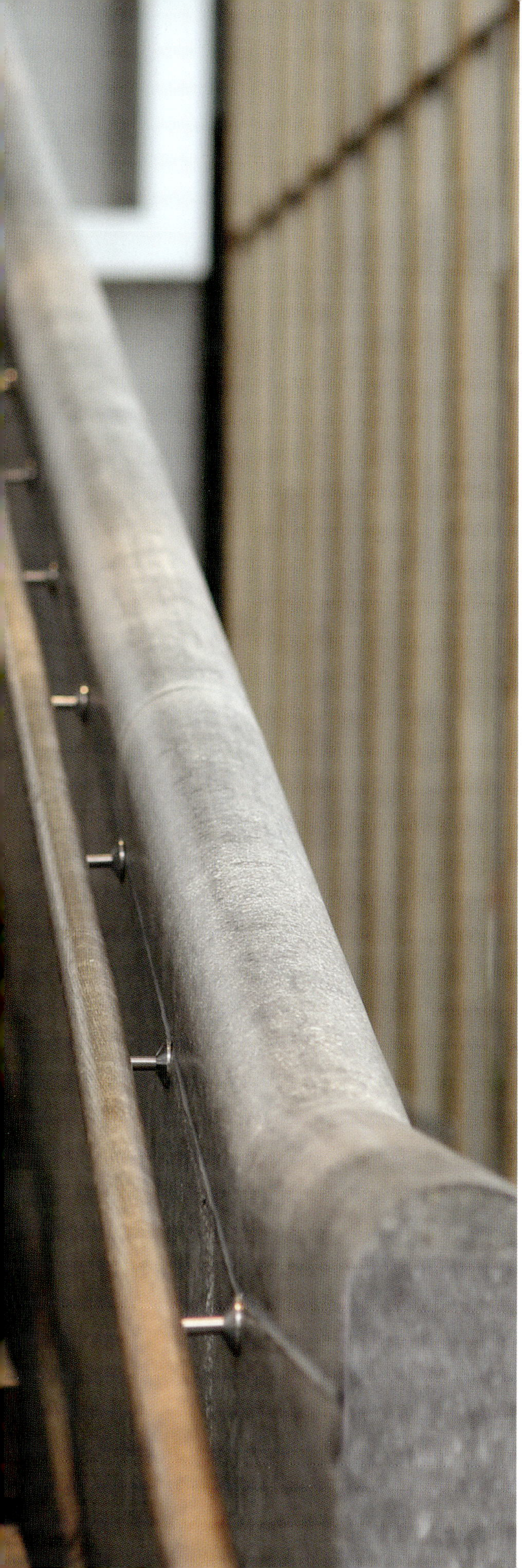

Eisheiliger & Lichtbrecher

Alpakawolle in leuchtenden Farben – dieser Schal ist ein absolutes Lieblingsteil von mir. Strick ihn bunt wie das Leben oder in deiner favorisierten Farbe kombiniert mit Schwarz.

Du strickst in der Stranded Colorwork Technik, also mit zwei Fäden gleichzeitig und in Runden. Am Ende schneidest du den Schal auf. Genau. Du zerschneidest deinen Schal! Keine Angst, im Technikteil erfährst du Schritt für Schritt, wie das geht.

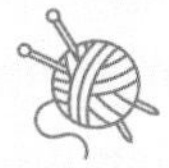

EISHEILIGER

Garn zweifarbiger Schal:

Alpaca Classico von Schachenmayr
(60 % Schurwolle, 40 % Alpaka, 50 g/90 m)
8 x schwarz (99)
6 x eisblau (56)

Werkzeug

Rundstricknadel NS 4 mit 50 cm Seil, Häkelnadel in NS 4

Größe

Der fertige Schal misst ca. 40 x 220 cm.

Maschenprobe

22 Ma, 26 R im Stranded Colorwork in NS 4 sind 10 x 10 cm.

Muster

Perlmuster

1. Rd	*1 Ma re, 1 Ma li* von * bis * wdh
2. Rd	alle Ma gegengleich str, d. h. Ma die li erscheinen werden re gestr und Ma die re erscheinen, werden li gestr

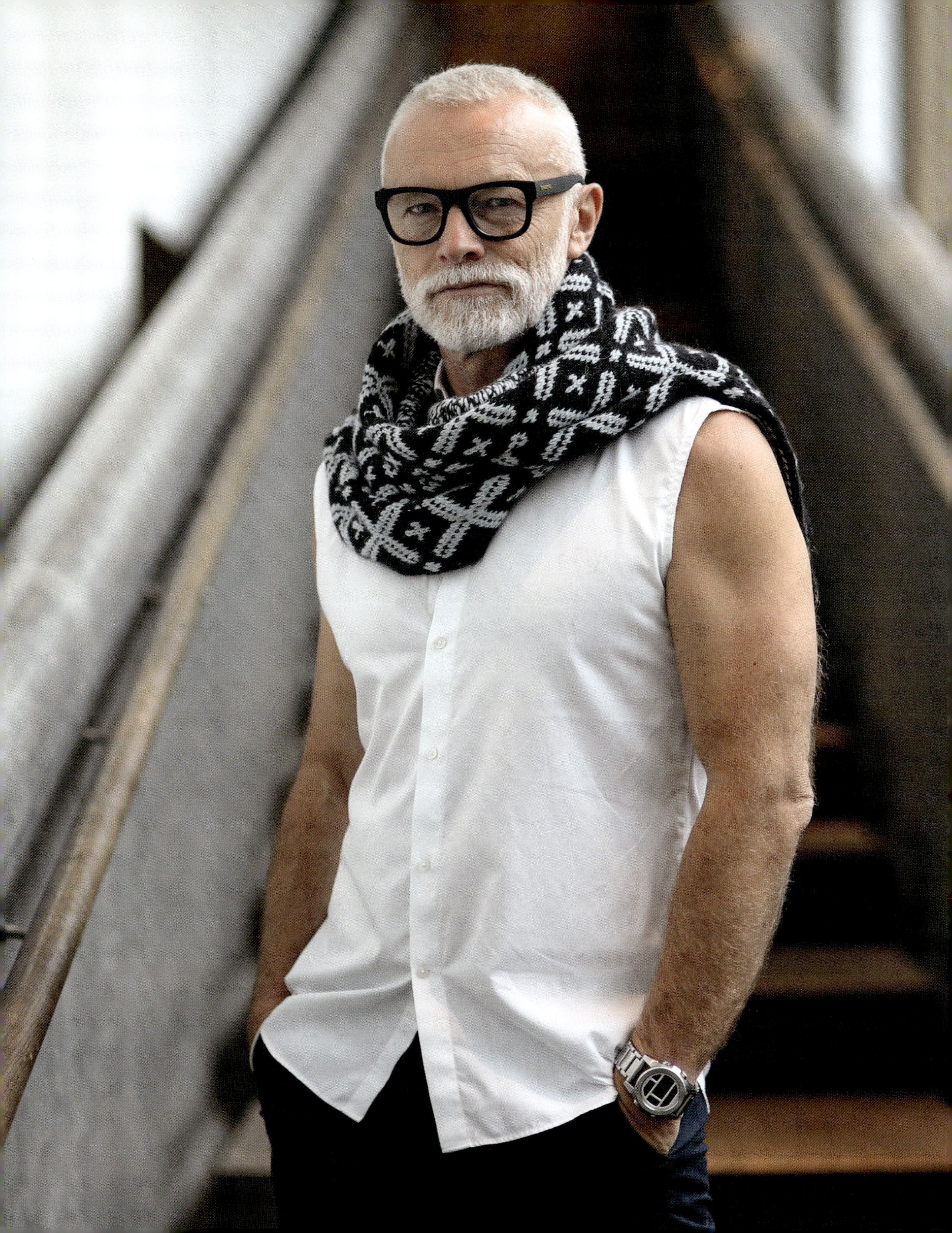

Stricken

76 Ma in Schwarz mit NS 4 anschlagen und zur Runde schließen.

1. Rd:	6 Ma im Perlmuster, 3 Ma re, die restlichen Ma der Rd im Perlmuster
2. - 9. Rd	die 1. Rd wdh
10. Rd	alle Ma re str, dabei verteilt 19 Ma zun (95 Ma)

Ab jetzt zweifarbig nach Chart str (siehe Seite 125). Dabei den Mustersatz 3 x wdh. Beim letzten Mustersatz das Kreuz (35.-39. Ma, 12.-16. R im Chart) weglassen, damit das Muster auf der linken Seite so endet wie es rechts anfängt.

Den Mustersatz in der Höhe insgesamt 18 x stricken.

Nach dem letzten Mustersatz eine Runde glatt re schwarz stricken, dabei verteilt 19 Ma abn (76 Ma). Im Anschluss die 1.-9. Rd wdh. In der 10. Rd alle Ma locker abketten.

TIPP

Achte darauf, den schwarzen Hintergrundfaden immer ganz rechts zu halten. Hilfreich für die Fadenführung ist dieses YouTube Video.

Fertigstellung

Erst alle Fäden vernähen, dann den Schal steeken (siehe dazu Kapitel »Steeken« hier im Buch). Nach dem Steeken den Schal dämpfen oder waschen und spannen.

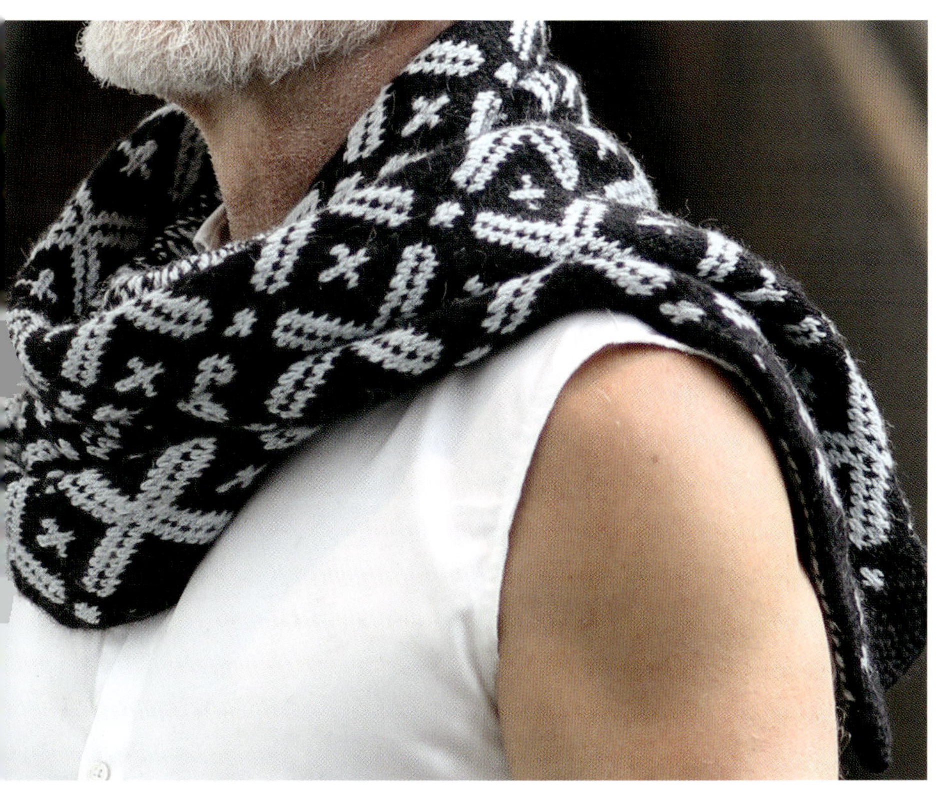

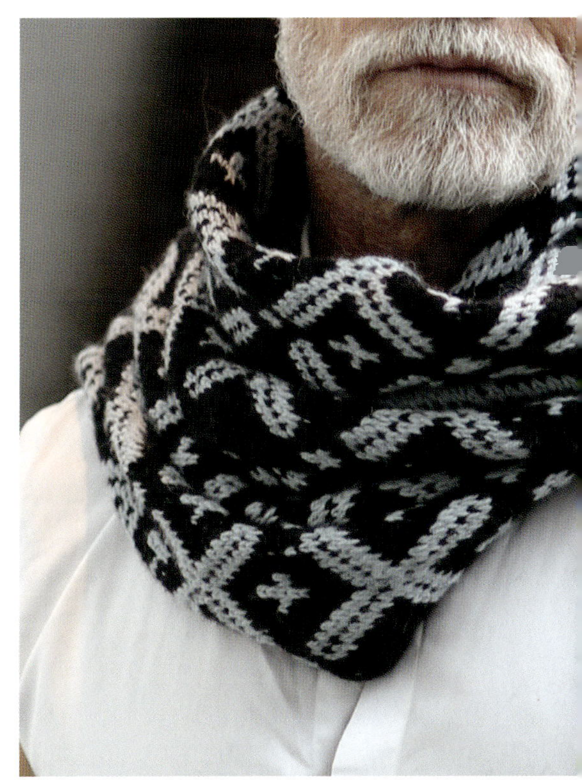

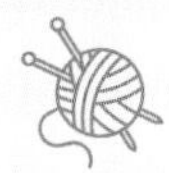

LICHTBRECHER

Garn bunter Schal:

Alpaca Classico von Schachenmayr
(60 % Schurwolle, 40 % Alpaka, 50 g/90 m)
8 x schwarz (99)
Je 1 x denim (53), sky (55), eisblau (56), teal (69), peacock (65), tiefgrün (74), oliv (71), apfelgrün (70), moos (72), gold (22), zimt (10), rost (12), himbeer (35), rubinrot (30), bratpafel (32), rose (36), winter mauve (41), pflaume (48)

Werkzeug

Rundstricknadel NS 4 mit 50 cm Seil, Häkelnadel in NS 4

Größe

Der fertige Schal misst ca. 40 x 220 cm.

Maschenprobe

22 Ma und 26 R sind 10 x 10 cm im stranded colorwork Muster

Stricken

Den Schal genauso stricken wie das Modell Eisheiligen, nur nach jedem Mustersatz (immer nach 21 Reihen) eine neue Kontrastfarbe, in der Reihenfolge wie oben bei der Garnangabe angegeben, stricken. Mit der Farbe Denim (53) anfangen und mit Pflaume (48) enden.

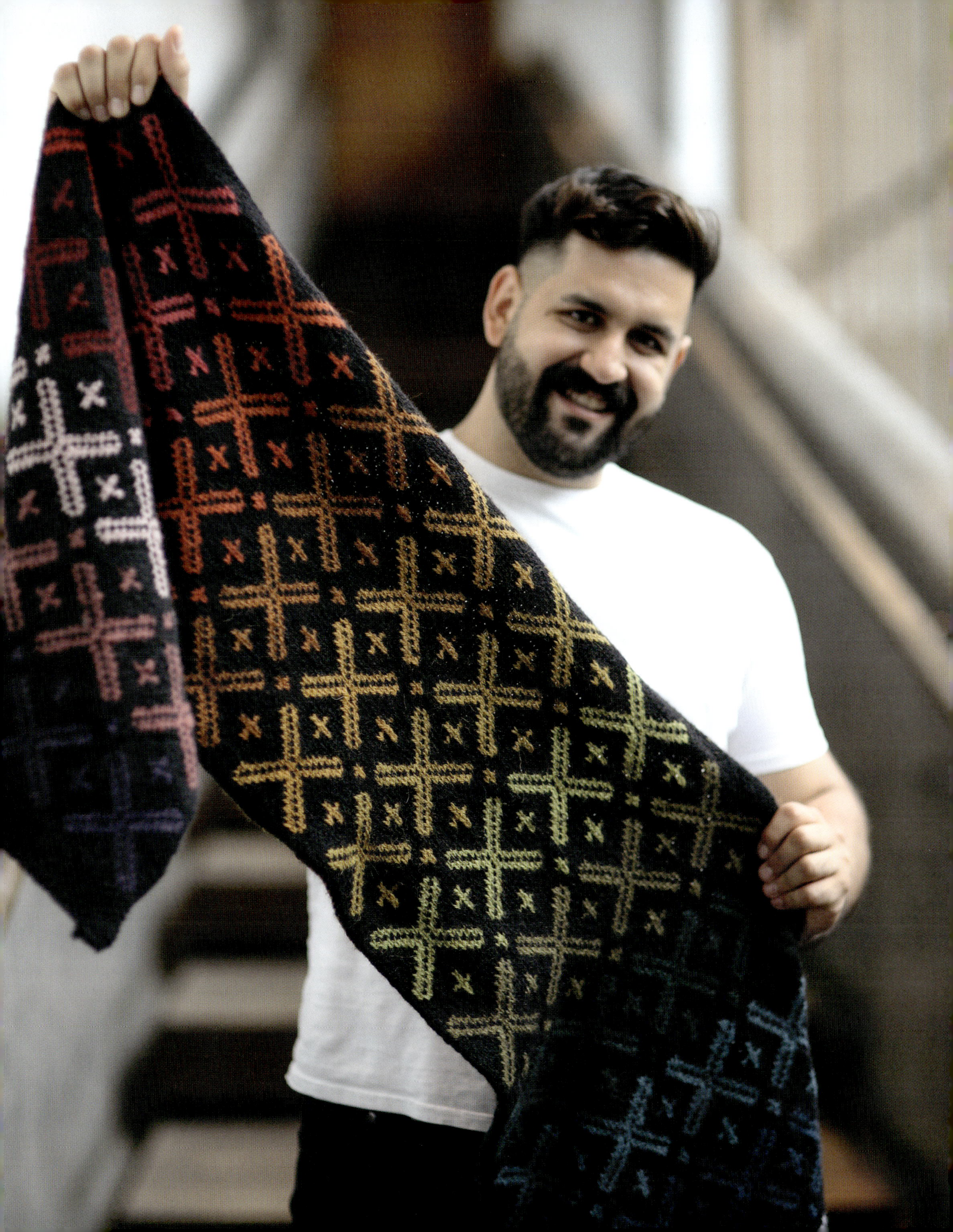

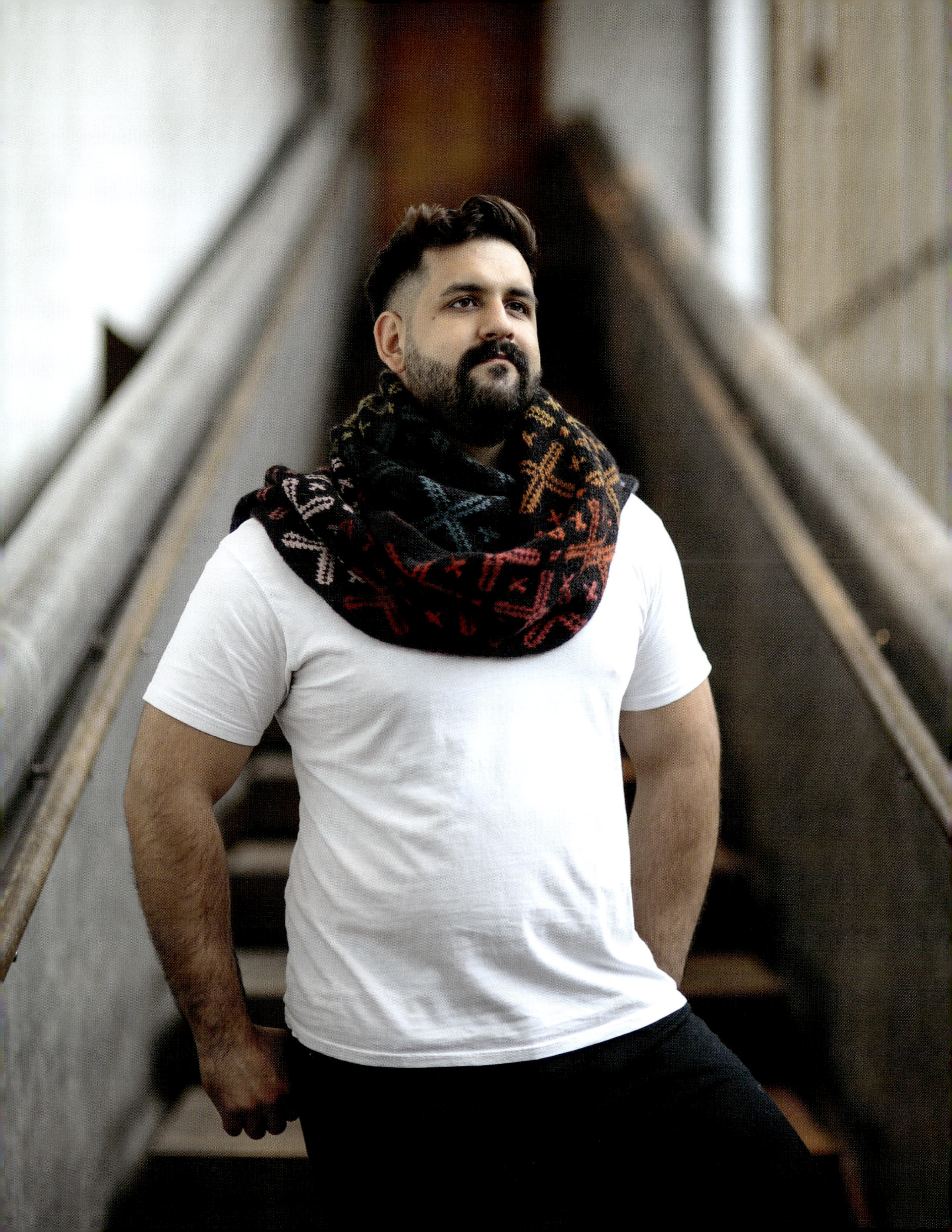

CHART LICHTBRECHER

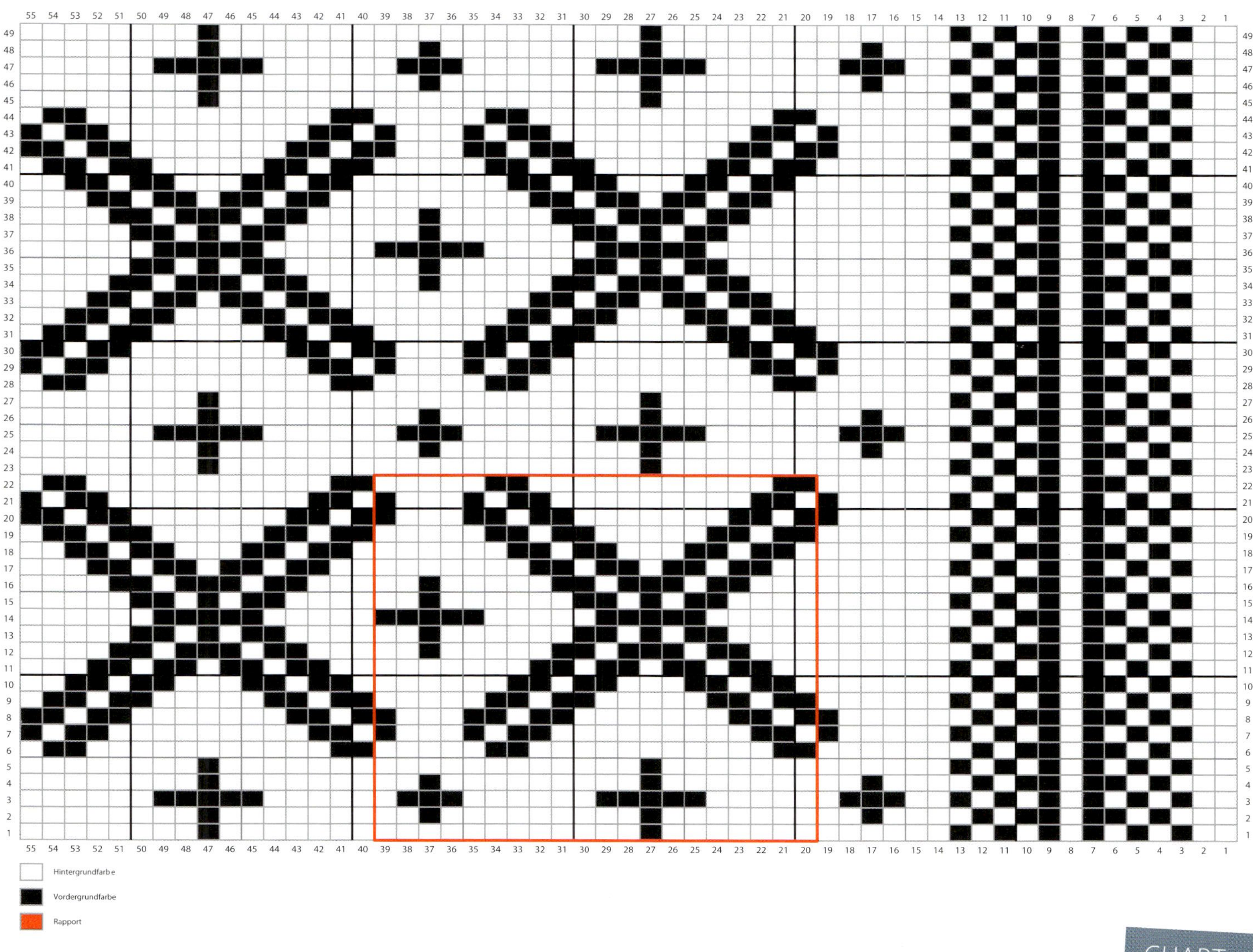

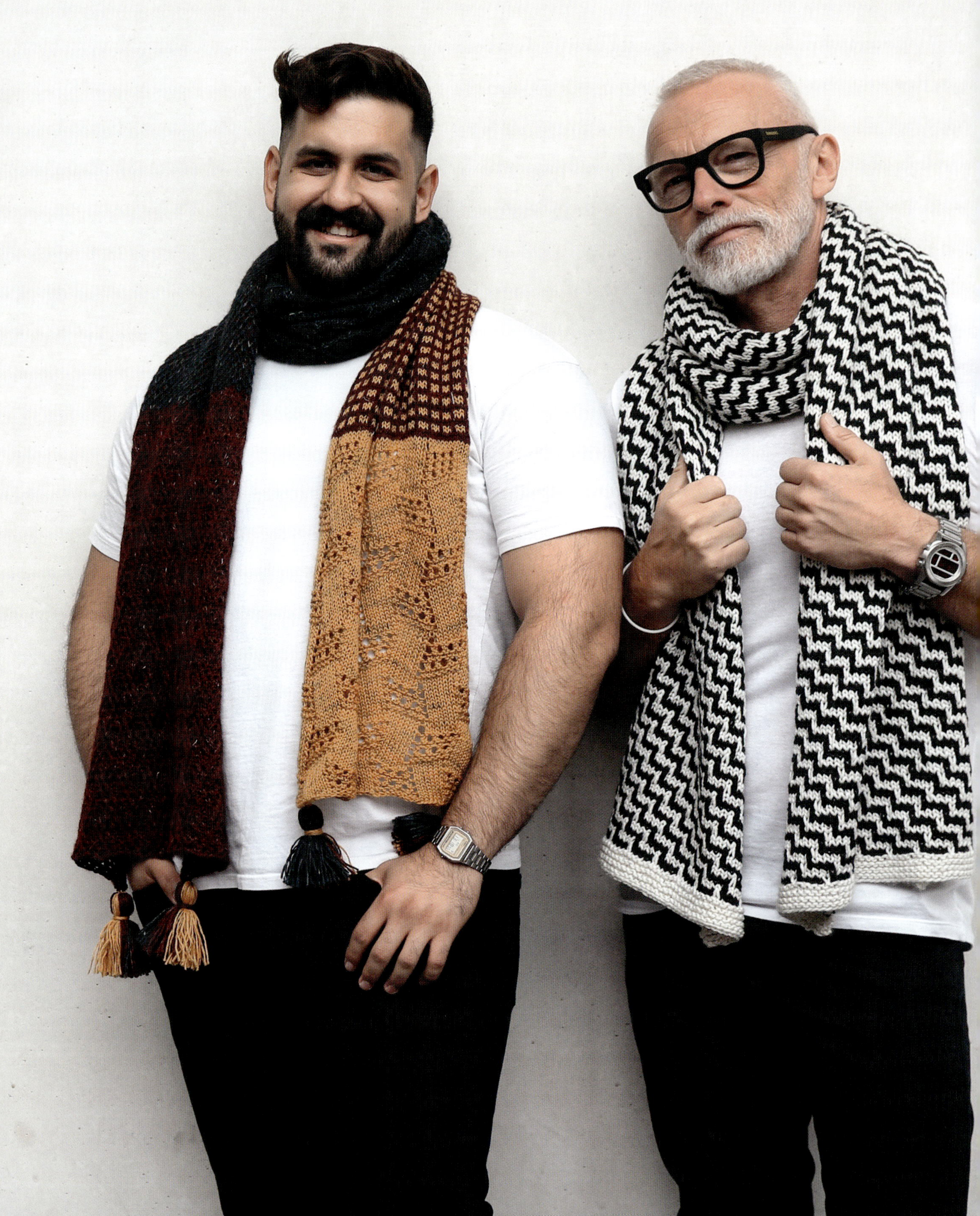

Schwarze Blitze & No No Mindless

Schwarz-Weiß in Merino und Seide – edler geht's kaum! Das grafische Muster dazu ist mega cool in der Wirkung, aber ganz simpel zu stricken.

Wer nach 2 Reihen glatt rechts schon vor Langeweile gähnt, kann sich am NO NO MINDLESS Schal austoben. 3 einfarbige und 2 zweifarbige Muster, die alle außergewöhnlich sind – dieser Schal ist alles, nur nicht langweilig.

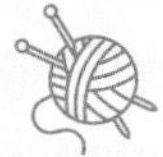

SCHWARZE BLITZE

Garn

IN Silk von Schoppel
(75 % Schurwolle (Merino medium), 25 % Seide, 100 g/200 m)
3 x schwarz
3 x naturweiß

Werkzeug

Rundstricknadel NS 5,5 mit 60 cm Seil

Größe

Der fertige Schal misst 50 x 250 cm

Maschenprobe

15 Ma, 20 R im Mosaikmuster in NS 5,5 sind 10 x 10 cm

Muster

Bündchenmuster

1. R	*1 Ma re, 1 Ma li* im Wechsel
2. R	*1 Ma li, 1 Ma re* im Wechsel

Die 1. und 2. R fortlaufend wiederholen.

Mosaikmuster

Nach Chart stricken. Der Chart zeigt nur die Hinreihen. Wenn der Chart die Farbe zeigt, die du gerade auf der Nadel hast, wird die Ma in der Hinreihe re und in der Rückreihe li gestrickt. Zeigt der Chart eine andere Farbe, wird die Ma in der Hinreihe mit dem Faden hinter der Arbeit und in der Rückreihe mit dem Faden vor der Arbeit abgehoben.

Jede zweite Reihe wechselst du die Farbe.

Rand

Alle Ma in Hin- und Rückreihen immer re str.

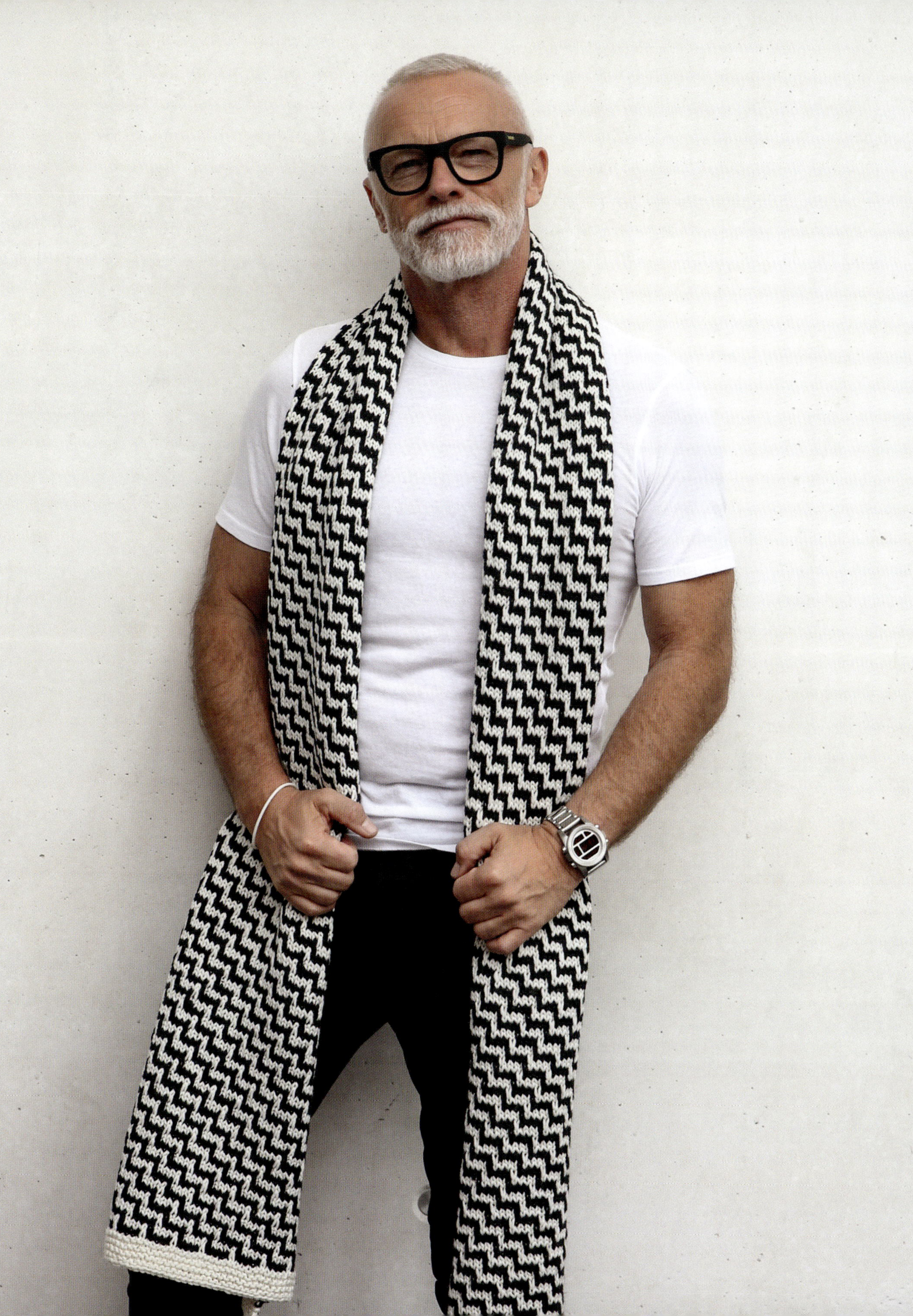

Stricken

76 Ma in weiß anschlagen und 3 cm im Bündchenmuster stricken.

Nach 3 cm zum Mosaikmuster wechseln und nach Chart stricken, beginnend mit schwarz. Den rot markierten Rapport wdh.

Die ersten und letzten 3 Maschen sind der Rand und werden immer kraus rechts gestrickt. Die Aufteilung ist:
3 Ma Rand, 70 Ma Mosaikmuster, 3 Ma Rand.

Wenn das Garn aufgebraucht ist, alle Ma locker abketten.

Fertigstellung

Fäden vernähen.

CHART SCHWARZE BLITZE

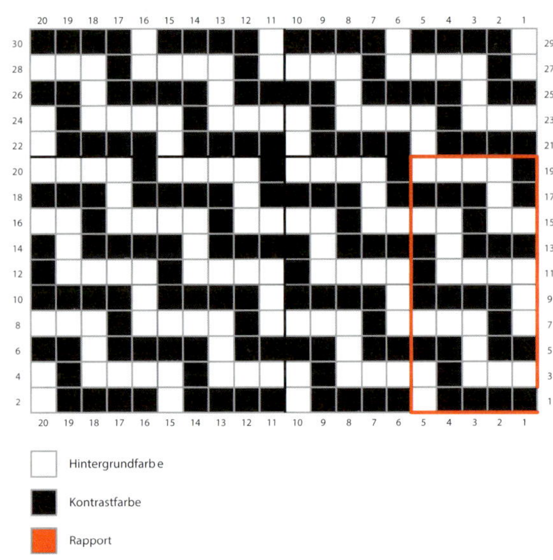

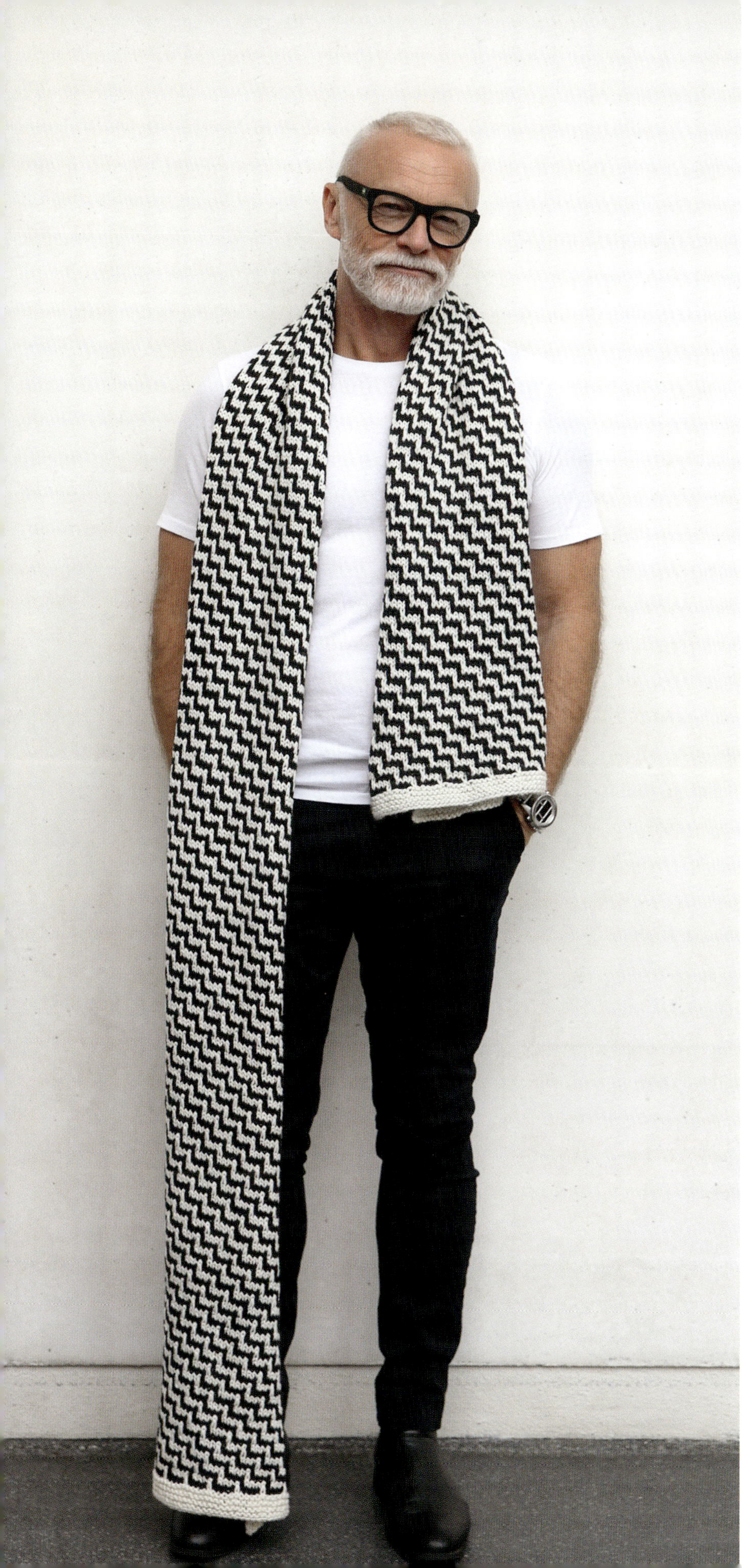

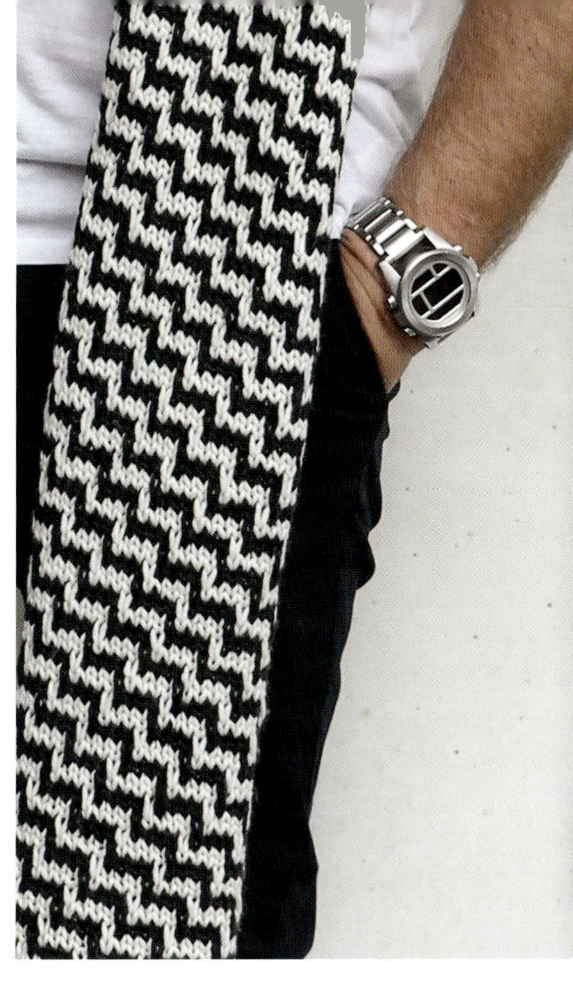

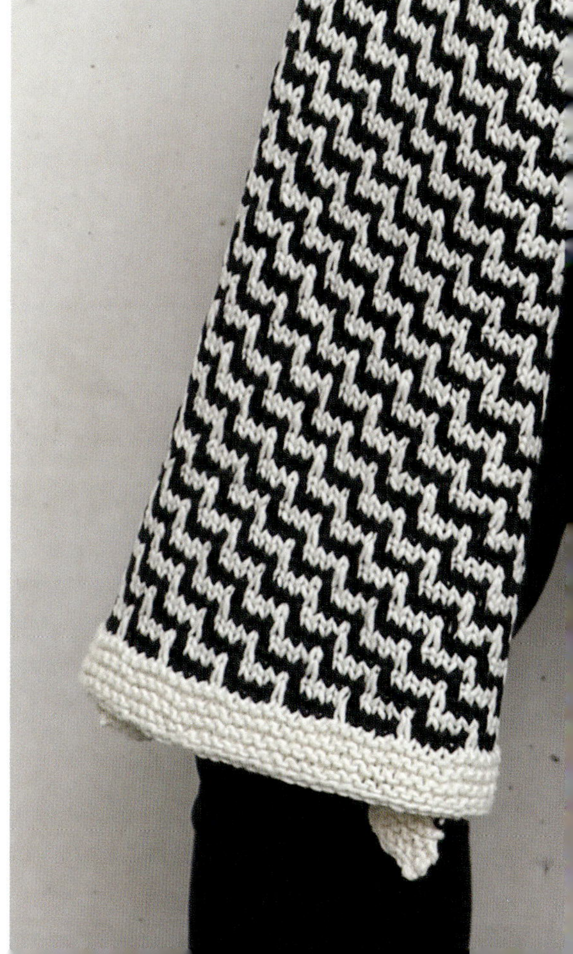

NO NO MINDLESS

Garn

Bio Merinos von Schoppel
(95 % patagonische Merino Wolle, 5 % Leinen, 50 g/150 m)
2 x rot mélange (1390M)
2 x sepia mélange (5985M)
2 x bernstein (0500)

Werkzeug

Rundstricknadel NS 3,5 und 4,5 mit 60 cm Seil

Größe

Der fertige Schal misst 40 x 200 cm, jedes Muster ist ca. 40 cm hoch.

Maschenprobe

22 Ma, 21 R im Mosaikmuster in NS 4,5 sind 10 x 10 cm

Quasten

Die Quasten werden extra angefertigt (siehe Technikteil) und am fertigen Tuch angenäht.

I-Cord Rand

Der Schal wird mit einem I-Cord Rand an beiden Seiten gestrickt. Der I-Cord hat auf jeder Seite 3 Maschen.

Am Anfang der Reihe 3 Ma str, am Ende der Reihe die letzten 3 Ma mit Faden vor der Arbeit wie zum li str abh. Dies ständig wiederholen, unabhängig von Hin- oder Rückreihe oder Strickfarbe.

Der I-Cord wird über den gesamten Schal gestrickt, in den folgenden Mustersätzen wird er nicht nochmal erwähnt.

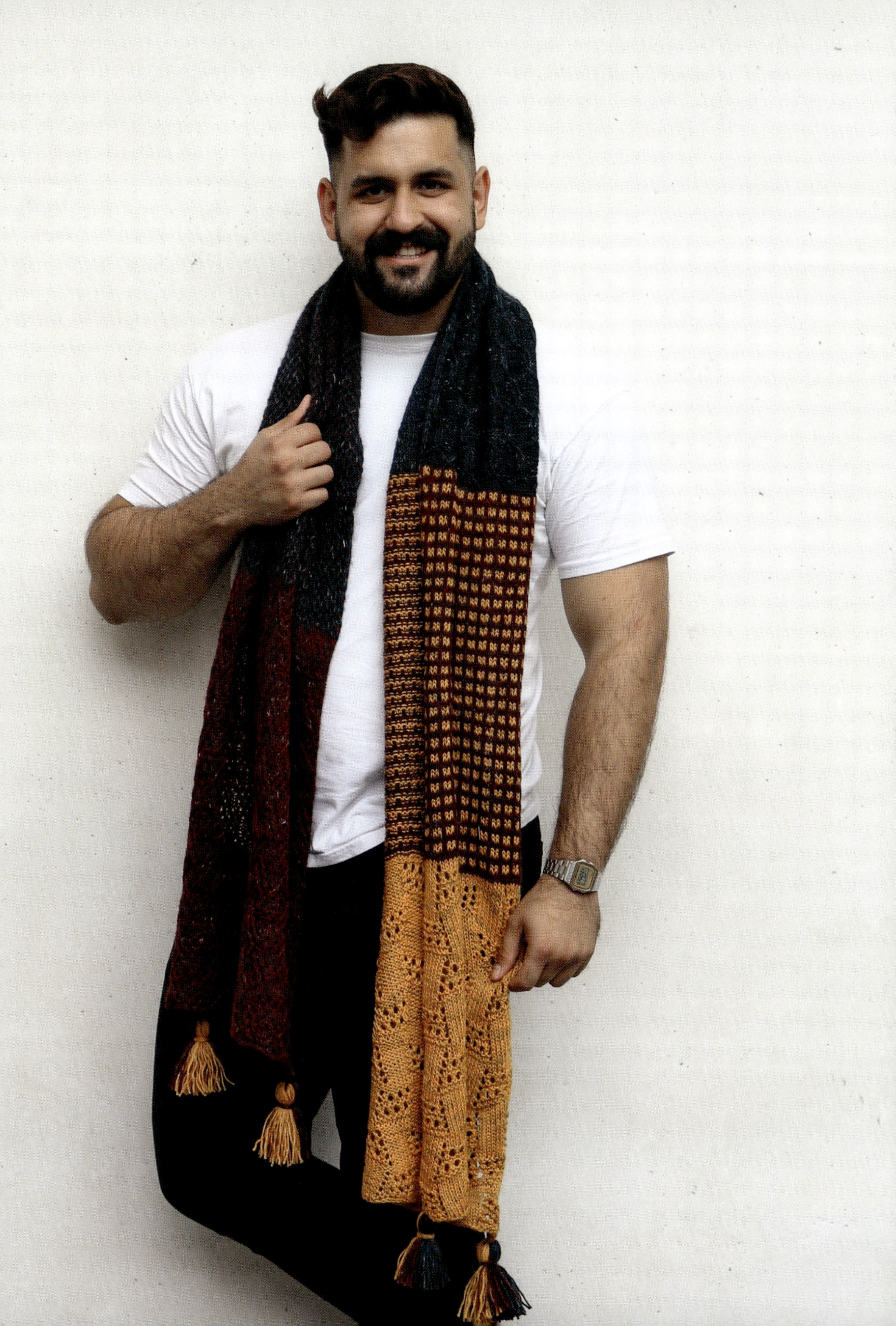

Muster 1

94 Ma in rot mélange mit NS 4,5 anschlagen (88 Ma Muster und 2x3 Ma I-Cord Rand). In der folgenden Rückreihe die 88 Ma des Musterteils links stricken, dann nach Anleitung weiter, die nächste 1. R ist eine Hinreihe. Die Abkürzungen LK für Links kreuzen und RK für Rechts kreuzen werden nach dem Mustersatz erläutert.

VR	88 Ma li
1. R	*LK, RK, RK* wdh bis zu den letzten 7 Ma, LK, RK
2. R	alle Ma li
3. R	1 Ma re, LK, *RK, LK, LK* wdh bis zu den letzten 4 Ma, 1 Ma re
4. R	alle Ma li
5. R	LK, LK, *2 Ma re, LK, LK*, wdh bis zu den letzten 3 Ma
6. R	alle Ma li
7. R	1 Ma re, *LK, LK, RK* wdh bis zu den letzten 6 Ma, LK, 1 Ma re
8. R	alle Ma li
9. R	RK, *LK, RK, RK* wdh bis zu den letzten 5 Ma, LK
10. R	alle Ma li
11. R	3 Ma re, *RK, RK, 2 Ma re*, wdh bis zu den letzten 4 Ma, 1 Ma re
12. R	alle Ma li

Die Reihe 1-12 noch 10 x wiederholen, den Mustersatz also insgesamt 11 x stricken. Bei der letzten Wiederholung nach der 11. Reihe aufhören.

LK: mit der rechten Nadelspitze von hinten die 2. Ma auf der li Nadel re verschr str, die Ma aber auf der Nadel lassen, dann beide Ma re verschr zus str (die Ma werden verdreht, es bleiben weiterhin 2 Ma)

RK: mit der re Nadel 2 Ma re zus str, aber beide Ma auf der li Nadel lassen, im Anschluss die 1. Ma der Nadel nochmal re str (die Ma werden verdreht, es bleiben weiterhin 2 Ma)

Muster 2

Die Maschen auf die andere Seite der Nadel schieben, also mit einer Hinreihe anfangen. In der ersten Reihe verteilt 19 Ma abn auf 75 Ma (69 Ma Muster, 6 Ma I-Cord). Jede Reihe wird einmal in sepia und einmal in rot gestrickt. Die erste Hinreihe ist eine Vorbereitungsreihe, der Mustersatz fängt mit der RR an.

VR HR in Sepia	*1 Ma li, 1 Ma mit U abh*, wdh bis zu den letzten 4 Ma, 1 Ma li, wenden
1. R. RR in Rot	* 1 Ma li, erst den U abh, dann 1 Ma li* wdh bis zu den letzten 4 Ma, 1 Ma li, Maschen zurückschieben
2. R. RR in Sepia	*Ma mit U abh, Ma und U re zus str* wdh bis zu den letzten 4 Ma, Ma mit U abh, wenden
3. R. HR in Rot	*erst 1 Ma re, dann den U abh, 1 Ma re* wdh bis zu den letzten 4 Ma, 1 Ma re, Maschen zurückschieben
4. R. HR in Sepia	*Ma und U li zus str, Ma mit U abh* wdh bis zu den letzten 4 Ma, Ma mit U abh, wenden

Die 1.-4. R wiederholen bis zu einer Höhe von 40 cm ab Musterbeginn arbeiten, enden nach einer 3. Reihe, den roten Faden abschneiden. Muster 3 wird nur mit Farbe sepia gestrickt.

Muster 3

Vorbereitungsreihe (RR): alle Ma und U re zus str, die einzelnen Ma re str. Dabei verteilt 20 Ma zun (95 Ma, 89 Ma Muster, 2x3 Ma I-Cord). Den Mustersatz nach Chart stricken. Der Chart zeigt sowohl Hin- als auch Rückreihen und auch in den Rückreihen werden die Maschen verkreuzt.

Nach ca. 30 cm sowie einer 13. R (mit Hinreihe) enden.

Muster 4

ACHTUNG –
An dieser Stelle erfolgt ein Wechsel auf NS 3,5!

In der Rückreihe mit rot beginnen, alle Ma li str, dabei einmal 2 Ma zus str (94 Ma - 88 Ma Muster und 2x3 Ma I-Cord)

Mustersatz:

1. R HR Bernstein	* 1 Ma wie zum li str abh mit Faden hinter der Arbeit, 2 Ma re* wdh bis 4 Ma vor Ende, 1 Ma wie zum li str abh mit Faden hinter der Arbeit
2.R RR Bernstein	*1 Ma wie zum li str abh mit Faden vor der Arbeit, 2 Ma li* wdh bis 4 Ma vor Ende, 1 Ma wie zum li str abh mit Faden vor der Arbeit
3. R HR Rot	alle Ma re
4. R RR Rot	alle Ma li

Die 1. bis 4. R 25 x wdh, bei der letzten Wiederholung nach der 3. Reihe enden.

CHART
MUSTER 3

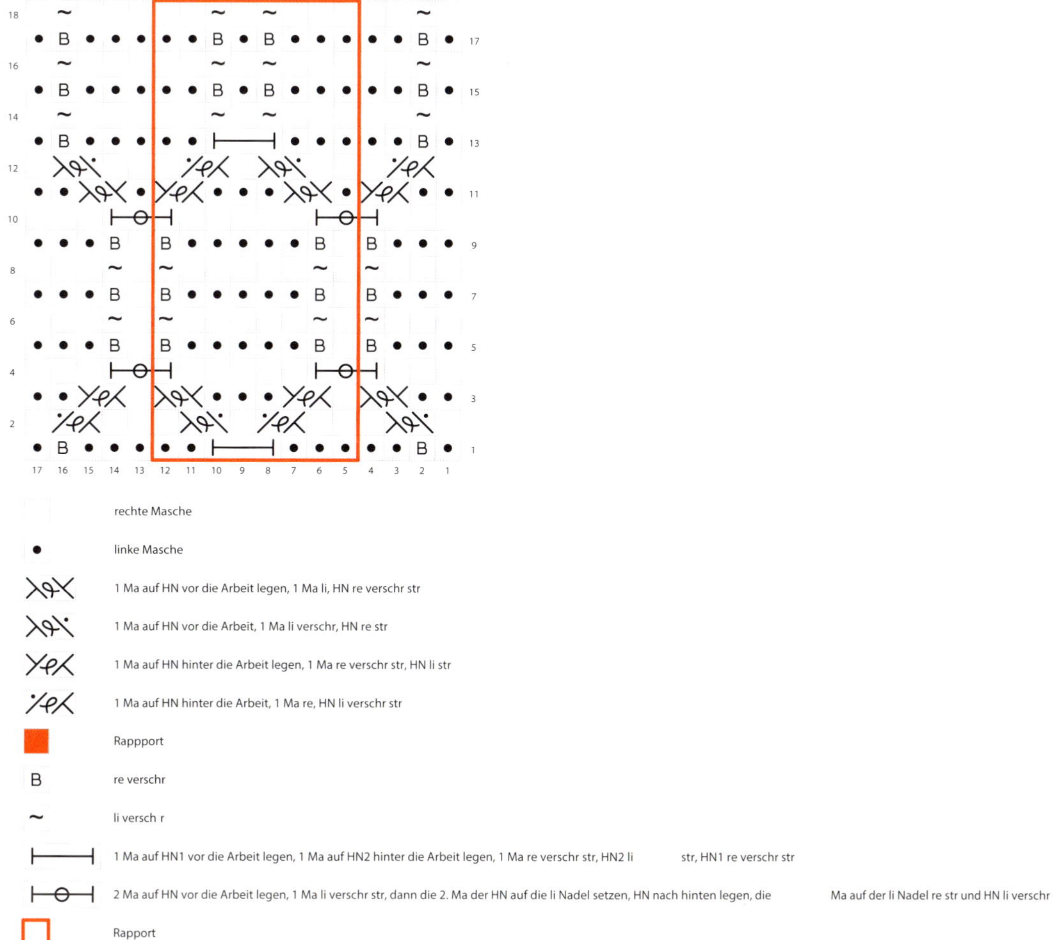

Muster 5

ACHTUNG –
Wechsel auf NS 4,5!

Das Muster wird in bernstein gestrickt.
1. R: alle Ma re, dabei 10 x verteilt 2 Ma zus str
(84 Ma - 78 Ma Muster und 2x3 Ma I-Cord)

Ab jetzt nach Chart str, dabei zuerst die 1.-15. Ma str, dann den rot markierten Rapport 4 x wdh und im Anschluss mit den Ma 16-22 im Chart enden.

Die Reihen 1-24 noch 3 x wdh.

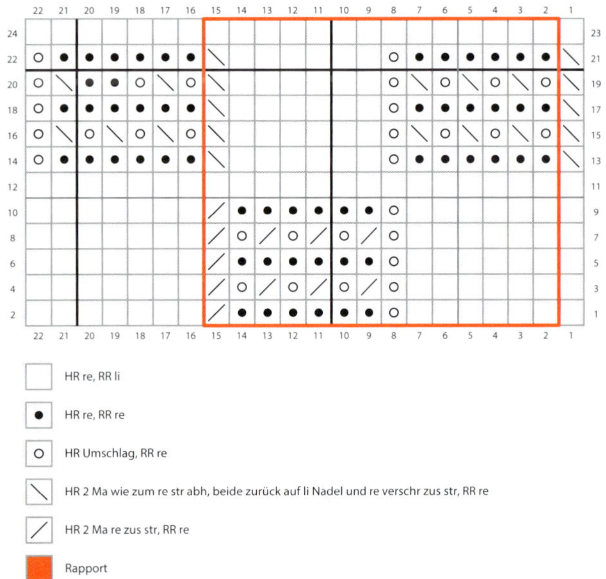

Fertigstellung

Alle Maschen locker abketten. Fäden vernähen, Schal feucht spannen und trocknen lassen.

4 Quasten wickeln und an den Ecken festnähen. Siehe dazu den Technikteil »Quasten herstellen«.

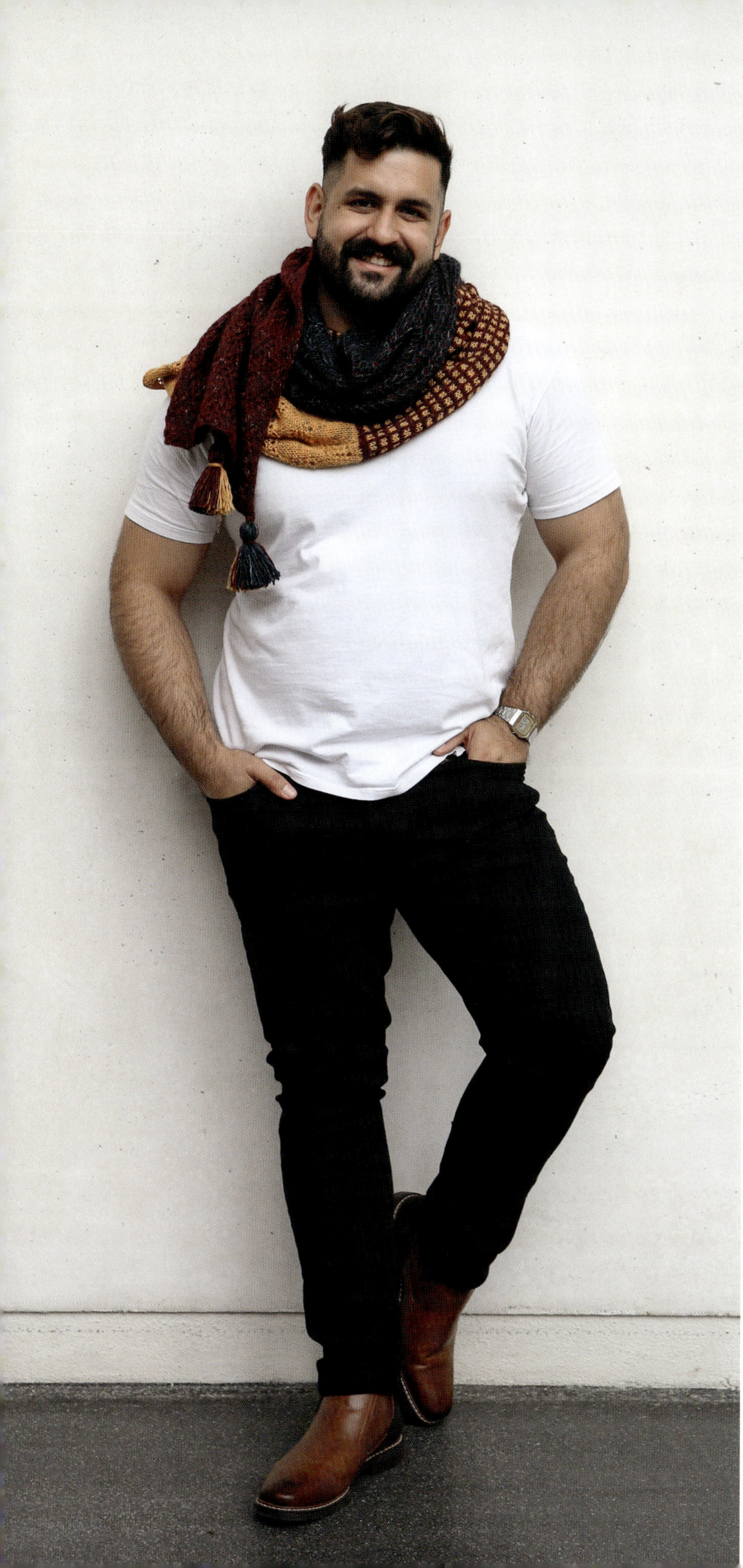

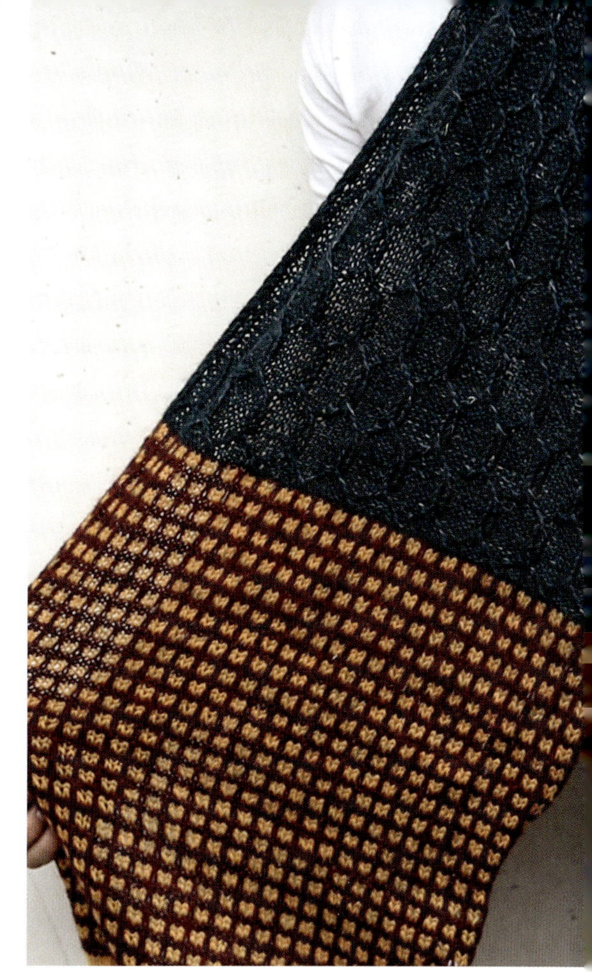

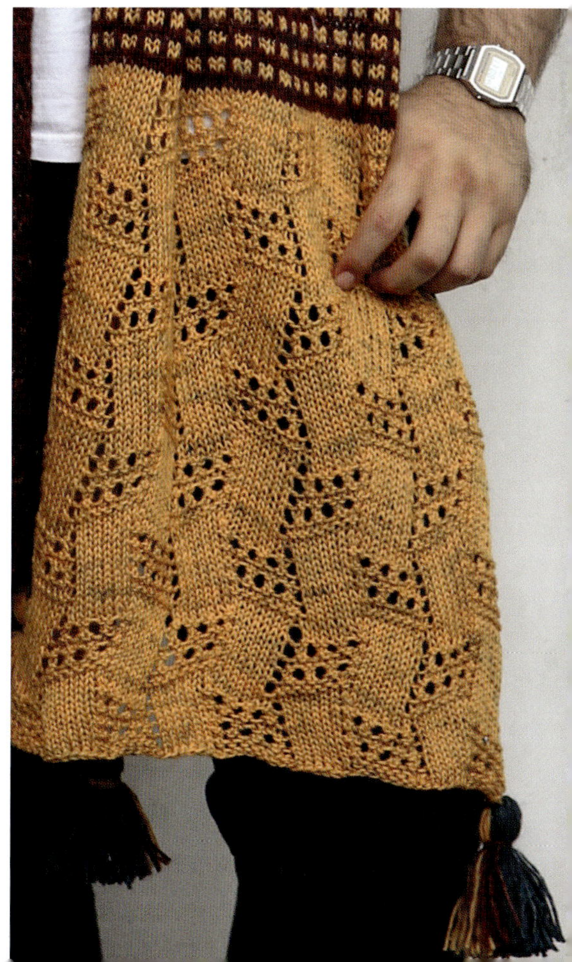

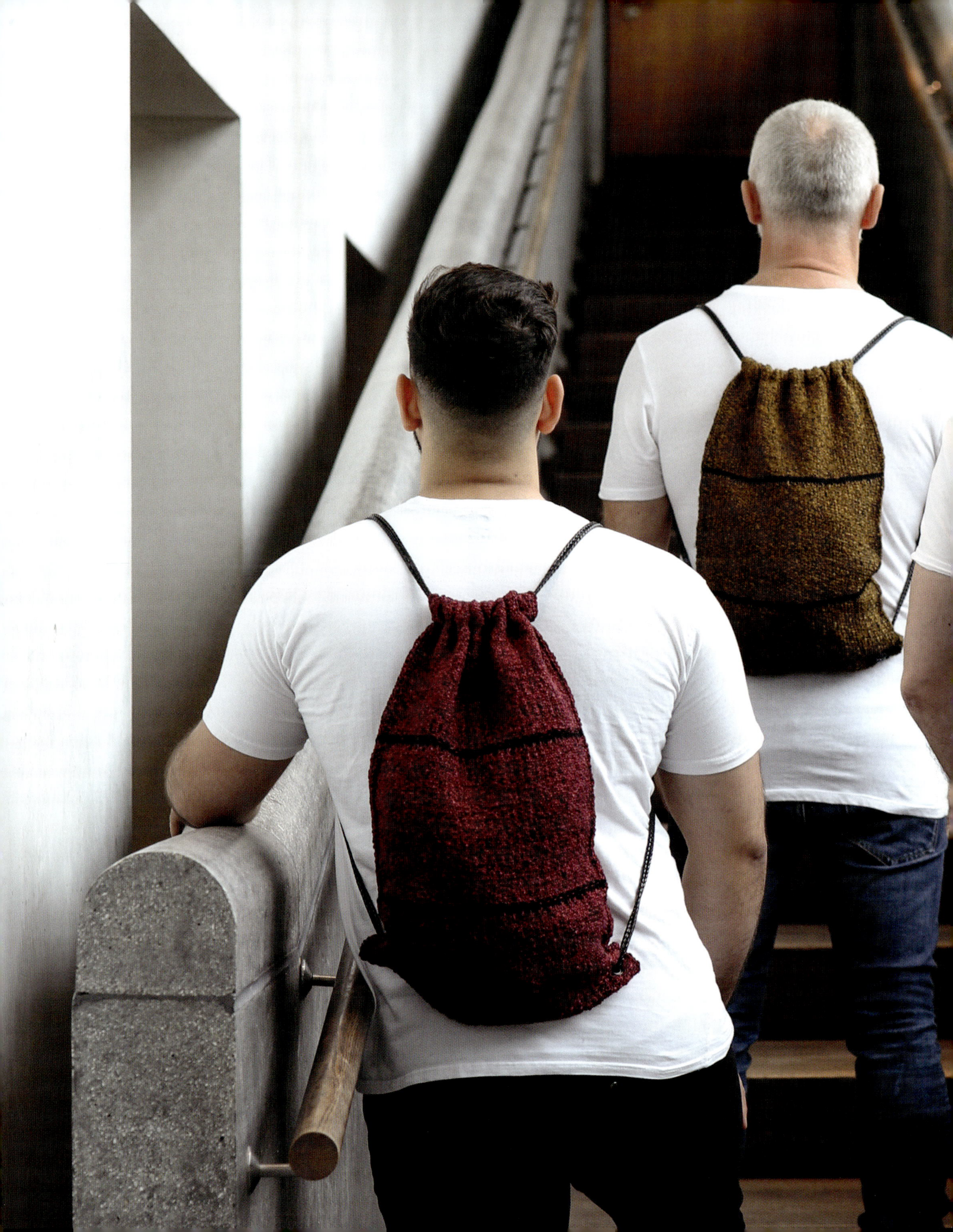

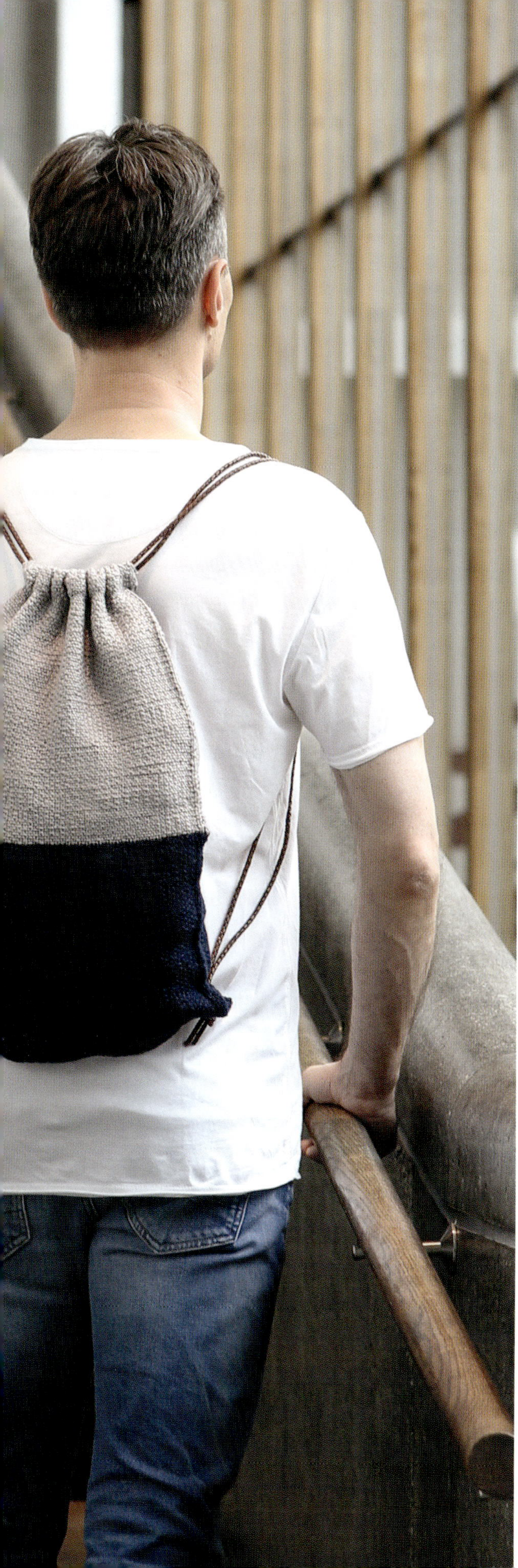

Kiepenkerl & Glitzerheld

Mal ehrlich, der Rucksack ist die Männerhandtasche. Für alles, was man unterwegs dabei haben muss. Wenn der Look eher dezent ist, darf es auf dem Rücken auch ein bisschen glänzen. Bei Turnschuhen traut Mann sich ja auch manchmal farblich laut.

Wem es doch zu bunt wird, der strickt klassisch in Grau und Blau. Das Webmuster und die Lederschnüre geben am Ende allen Habseligkeiten Halt – da fällt nichts raus.

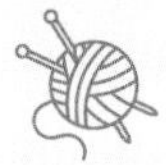

KIEPENKERL

Garn

Sunshine WOOLADDICTS von Lang Yarns (100 % Baumwolle, 50 g/95 m)
3 x marine (35)
3 x grau (25)

Werkzeug

Rundstricknadel NS 4,5 mit 60 cm Seil
evtl. zweite Rundstricknadel in gleicher NS oder
eine Rundstricnadel mit 120 cm Seil
2 x 2 Meter Lederkordel hellbraun, 4 mm
2 Ösen mit Scheiben, Durchmesser 2 cm

Größe

Der fertige Rucksack misst 32 x 50 cm.

Maschenprobe

20 Ma, 44 R im Leinenmuster in NS 4,5 sind 10 x 10 cm

Muster

Leinenmuster in Runden

1. Rd	*1 Ma re, 1 Ma mit Faden vor der Arbeit abh* von * bis * wdh
2. Rd	*1 Ma mit Faden vor der Arbeit abh, 1 Ma re* von * bis * wdh

Die 1. und 2. Rd stetig wdh.

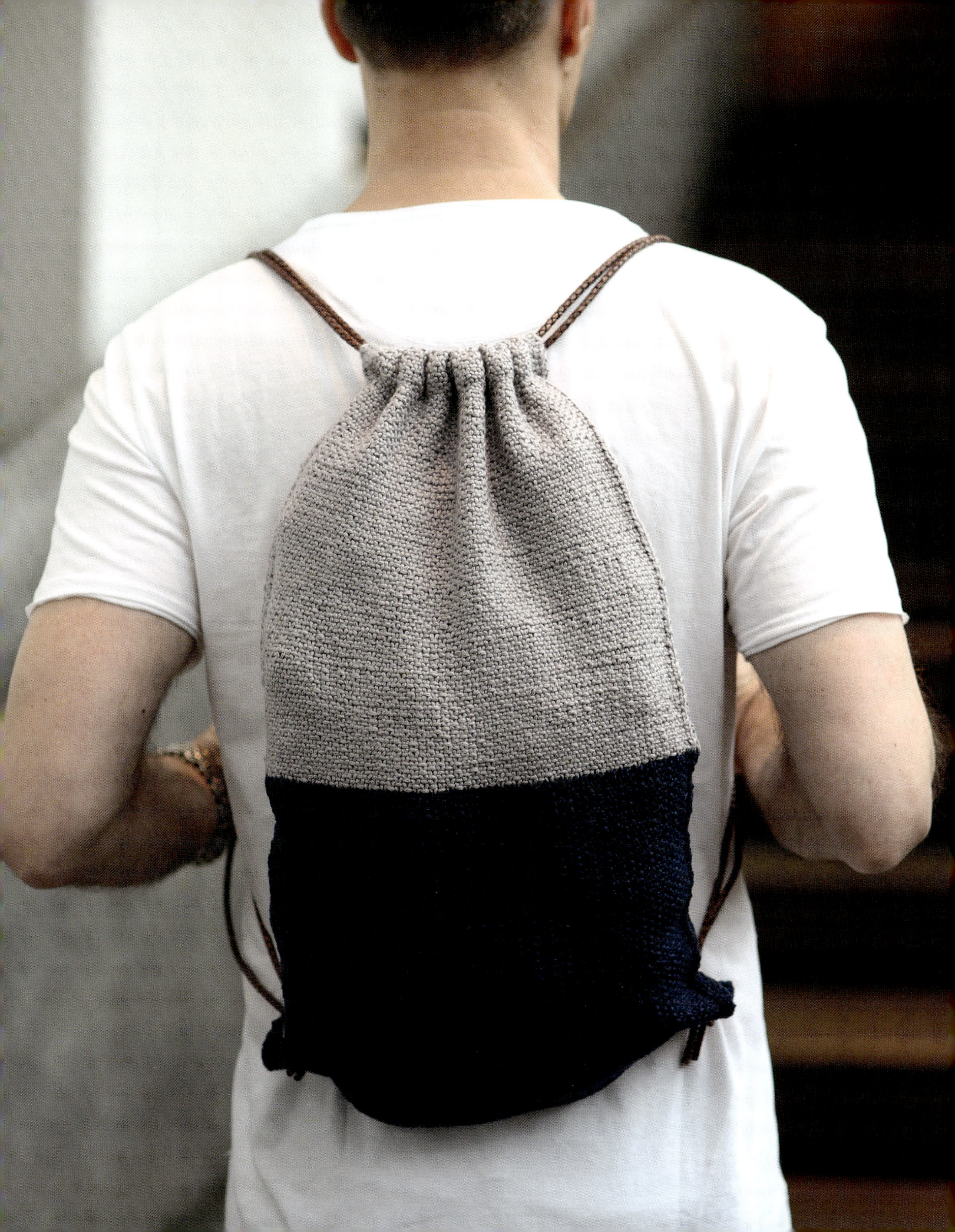

Stricken

128 Ma in dunkelblau im türkischen Maschenanschlag aufnehmen (siehe dazu S. 14), auf jeder Nadel befinden sich jetzt 64 Ma.

1. Rd	1 Ma re, 62 Ma im Leinenmuster, 2 Ma re, 62 Ma im Leinenmuster, 1 Ma re
2. Rd	1 Ma re, 62 Ma im Leinenmuster 2 Ma re, 62 Ma im Leinenmuster, 1 Ma re
3. - 6. Rd	die 1. und 2. Rd 2x wdh

Am Anfang kann es hilfreich sein, mit einer längeren Stricknadel in der Magic Loop Technik oder mit einer zweiten Stricknadel zu stricken, bis die angeschlagenen Maschen eine gewisse Beutelhöhe erreicht haben.

Jetzt strickst du in die unteren Ecken auf jeder Seite ein kleines Loch, durch das später die Öse gestanzt wird.

7. Rd	1 Ma re, 4 Ma im Leinenmuster, 2 Ma abk, 50 Ma im Leinenmuster, 2 Ma abk, 4 Ma im Leinenmuster, 2 Ma re, 4 Ma im Leinenmuster, 2 Ma abk, 50 Ma im Leinenmuster, 2 Ma abk, 4 Ma im Leinenmuster, 1 Ma re
8. Rd	1 Ma re, 4 Ma im Leinenmuster, 2 Ma aufstricken, 50 Ma im Leinenmuster, 2 Ma aufstricken, 4 Ma im Leinenmuster, 2 Ma re, 4 Ma im Leinenmuster, 2 Ma aufstricken, 50 Ma im Leinenmuster, 2 Ma aufstricken, 4 Ma im Leinenmuster, 1 Ma re

Nun das Muster der 1. und 2. Runde wiederholen bis zu einer Gesamthöhe von 25 cm, dann zur Farbe silber wechseln und weiter stricken bis zu einer Gesamthöhe von 50 cm.

Jetzt strickst du mit Umschlägen 2 Löcher für den Tunnelzug für die obere Kordel.

Nächste Runde:
1 Ma re, 62 Ma im Leinenmuster, 1 Ma re, 1 doppelter Umschlag (dafür den Faden einfach noch einmal um die Nadel wickeln), 1 Ma re, 62 Ma im Leinenmuster, 1 Ma re, 1 doppelter Umschlag.

Nächste Runde:
1 Ma re, 62 Ma im Leinenmuster, 1 Ma re, Umschlag re str, 1 Ma re, 62 Ma im Leinenmuster, 1 Ma re, Umschlag re abstricken.

Nächste Runde:
1 Ma re, 62 Ma im Leinenmuster, 2 Ma re zusstr. 1 Ma re, 62 Ma im Leinenmuster, 1 Ma re, 2 Ma re zusammstricken.

Im Anschluss noch 3 cm im Leinenmuster weiterstricken, dann alle Maschen locker abketten.

Fertigstellung

Die Fäden vernähen. Den oberen Saum 3 cm nach innen schlagen und annähen.

In den beiden Löchern in den unteren Ecken je eine Öse befestigen.

Eine 2 Meter lange Kordel auf der einen Seite durch das Umschlagsloch in der oberen Kante einmal ringsherum führen und durch das gleiche Loch wieder ausfädeln. Die beiden offenen Enden durch die Öse auf der gleichen Seite führen und miteinander verknoten.

Mit der zweiten Kordel gegengleich verfahren.

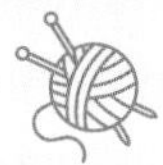

GLITZERHELD

Garn

8 x Ombra von Lang Yarns
(75 % Baumwolle, 25 % Polyamid, 50 g/65 m) in ocker (11)
oder bordeaux (64)
1 x Sunshine WOOLADDICTS von Lang Yarns
(100 % Baumwolle, 50 g/95 m)
in schwarz (04)

Werkzeug

Rundstricknadel NS 4,5 mit 60 cm Seil
evtl. zweite Rundstricknadel in gleicher NS oder eine
Rundstricknadel mit 120 cm Seil
2 x 2 Meter Lederkordel schwarz, 4 mm
2 Ösen mit Scheiben, Durchmesser 2 cm

Größe

Der fertige Rucksack misst 32 x 50 cm.

Maschenprobe

20 Ma, 44 R in NS 4,5 im Leinenmuster sind 10 x 10 cm

Muster

Leinenmuster in Runden

1. Rd	*1 Ma re, 1 Ma mit Faden vor der Arbeit abh* von * bis * wdh
2. Rd	*1 Ma mit Faden vor der Arbeit abh, 1 Ma re* von * bis * wdh

Die 1. und 2. Rd stetig wdh

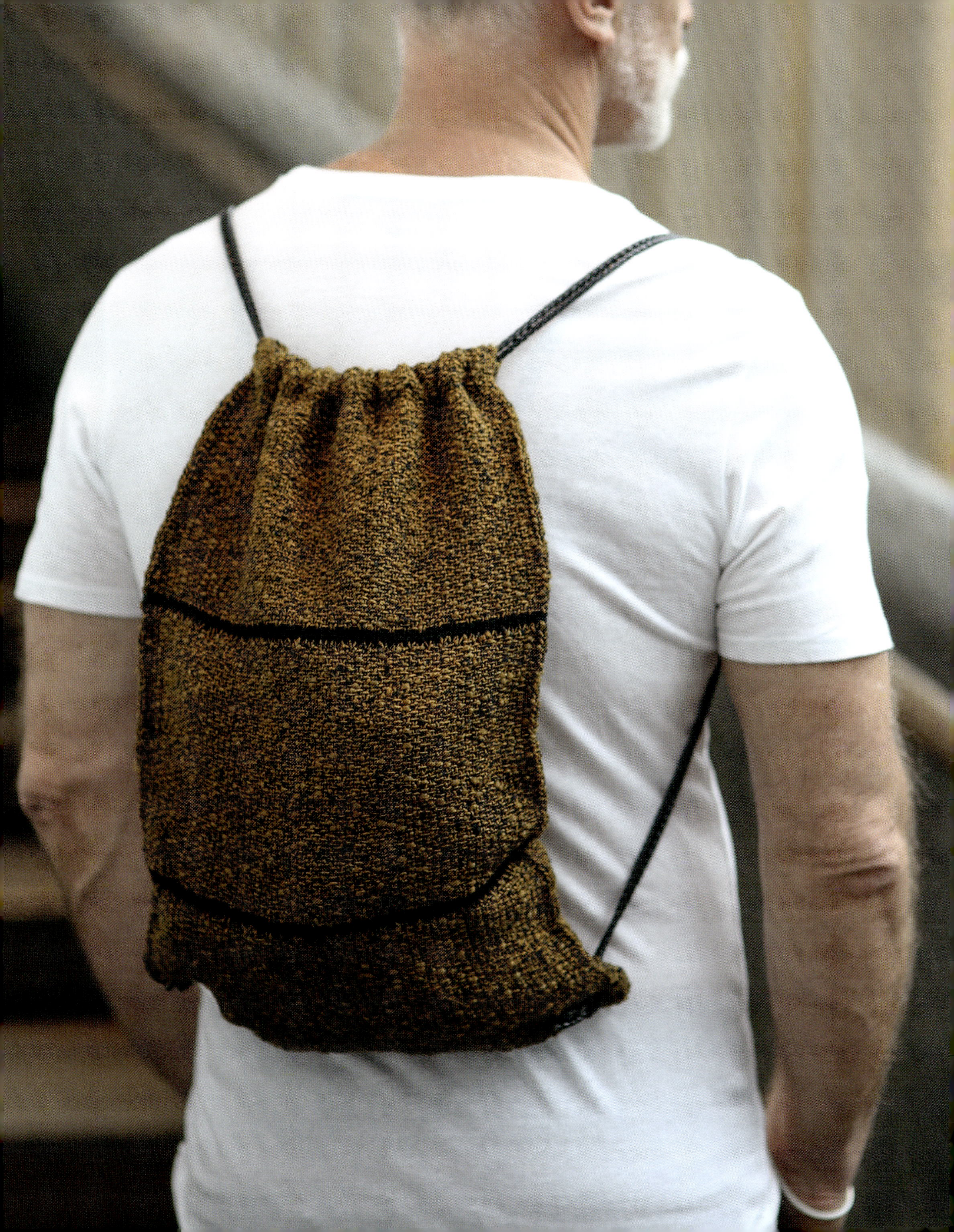

Stricken

128 Ma in ocker oder bordeaux im türkischen Maschenanschlag aufnehmen (siehe dazu S. 14), auf jeder Nadel befinden sich jetzt 64 Ma.

1. Rd	1 Ma re, 62 Ma im Leinenmuster, 2 Ma re, 62 Ma im Leinenmuster, 1 Ma re
2. Rd	1 Ma re, 62 Ma im Leinenmuster, 2 Ma re, 62 Ma im Leinenmuster, 1 Ma re
3. Rd	die 1. und 2. Rd 2x wdh

Am Anfang kann es hilfreich sein, mit einer längeren Stricknadel in der Magic Loop Technik oder mit einer zweiten Stricknadel zu stricken, bis die angeschlagenen Maschen eine gewisse Beutelhöhe erreicht haben.

An dieser Stelle strickst du in die unteren Ecken auf jeder Seite ein kleines Loch, durch das später die Öse gestanzt wird.

7. Rd	1 Ma re, 4 Ma im Leinenmuster, 2 Ma abk, 50 Ma im Leinenmuster, 2 Ma abk, 4 Ma im Leinenmuster, 2 Ma re, 4 Ma im Leinenmuster, 2 Ma abk, 50 Ma im Leinenmuster, 2 Ma abk, 4 Ma im Leinenmuster, 1 Ma re
8. Rd	1 Ma re, 4 Ma im Leinenmuster, 2 Ma aufstricken, 50 Ma im Leinenmuster, 2 Ma aufstricken, 4 Ma im Leinenmuster, 2 Ma re, 4 Ma im Leinenmuster, 2 Ma aufstricken, 50 Ma im Leinenmuster, 2 Ma aufstricken, 4 Ma im Leinenmuster, 1 Ma re

Nun wiederholst du das Muster der 1. und 2. Runde bis zu einer Gesamthöhe von 16,5 cm.

Du strickst mit ombra eine Runde re Ma, dann wechselst du zu schwarz und strickst 2 Rd re. Wieder wechseln zu ombra und im Leinenmuster weiter str bis zu einer Gesamthöhe von 33 cm.
Den Farbwechsel wdh (1 Runde ombra re Ma, 2 Rd schwarz re Ma).
Im Leinenmuster mit ombra weiter stricken bis zu einer Gesamthöhe von 50 cm.

An dieser Stelle strickst du mit Umschlägen 2 Löcher für den Tunnelzug für die obere Kordel:

1. Rd	1 Ma re, 62 Ma im Leinenmuster, 1 Ma re, 1 doppelter Umschlag, 1 Ma re, 62 Ma im Leinenmuster, 1 Ma re, 1 doppelter Umschlag
2. Rd	1 Ma re, 62 Ma im Leinenmuster, 1 Ma re, U re str, 1 Ma re, 62 Ma im Leinenmuster, 1 Ma re, U re str
3. Rd	1 Ma re, 62 Ma im Leinenmuster, 2 Ma re zus str. 1 Ma re, 62 Ma im Leinenmuster, 1 Ma re, 2 Ma re zus str.

Zum Schluss noch 3 cm im Leinenmuster weiterstricken, dann alle Maschen locker abketten.

Fertigstellung

Die Fäden vernähen. Den oberen Saum 3 cm nach innen schlagen und annähen.

In den beiden Löchern in den unteren Ecken je eine Öse befestigen.

Eine 2 Meter lange Kordel auf der einen Seite durch das Umschlagsloch in der oberen Kante einmal ringsherum führen und durch das gleiche Loch wieder ausfädeln. Die beiden offenen Enden durch die Öse auf der gleichen Seite führen und miteinander verknoten.
Mit der zweiten Kordel gegengleich verfahren.

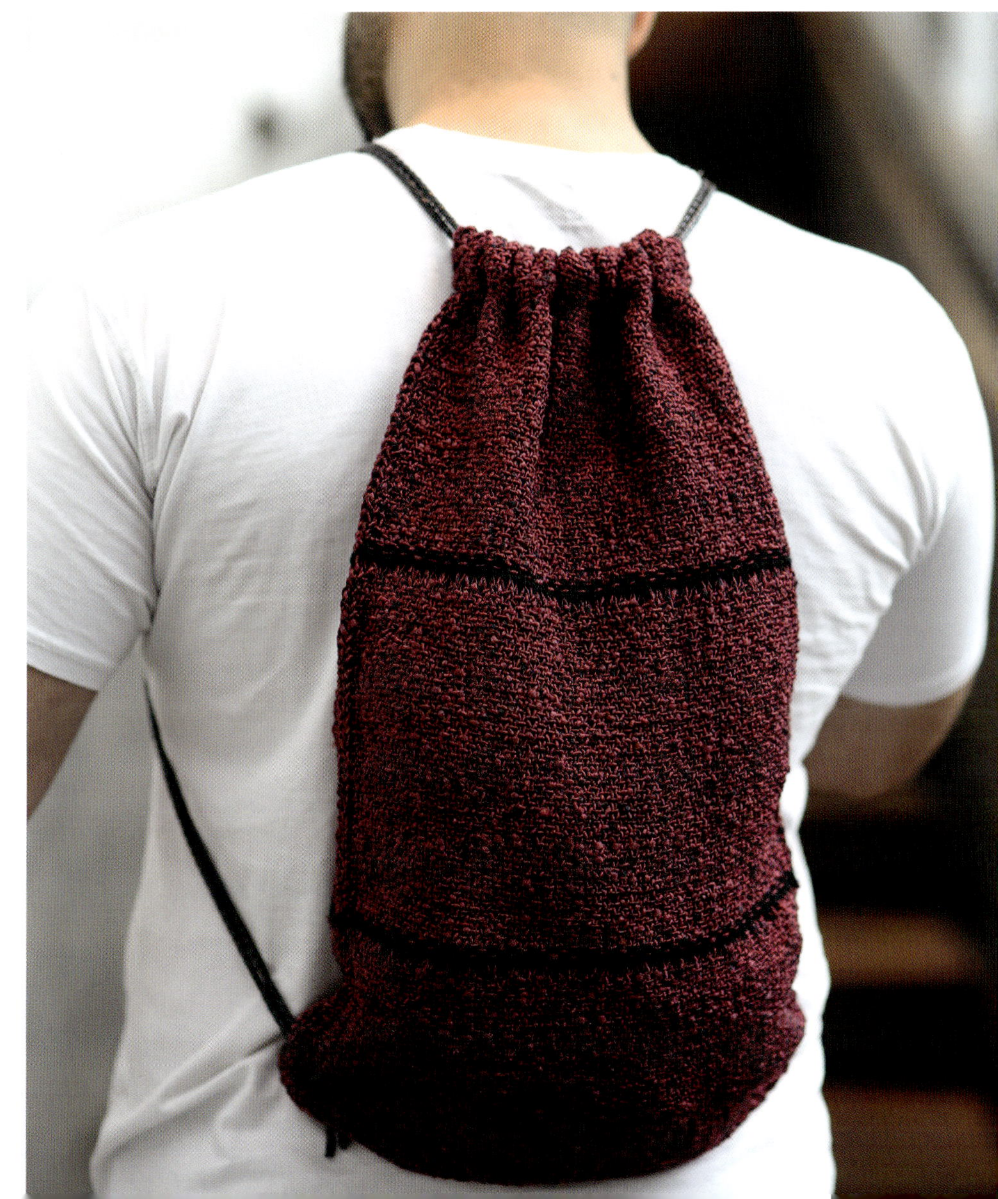

Die verwendeten Garne wurden von den Wollfirmen kostenlos für dieses Buch zur Verfügung gestellt. Alle Garne sind im Fachhandel oder online zu finden. Bezugsadressen findet ihr über die Webseiten der Garnhersteller:

Lana Grossa https://www.lana-grossa.de/

Lang Yarns https://www.langyarns.com/

Schoppel https://schoppel.de/

BC Garn https://www.schmeichelgarne.de/

ggh Garn https://www.ggh-garn.de/

Schachenmayr https://schachenmayr.com/de

Atelier Zitron https://atelierzitron.de/

Danksagung
Ich möchte mich bedanken bei allen, die mich auf dem Weg zu diesem Buch unterstützt haben. Bei all den Garnherstellern, die mir meine Wünsche nach Wolle für die Modelle immer großzügig erfüllt haben. Bei allen Menschen, die mir auf YouTube folgen und deren Kommentare mich immer wieder motivieren. Ihr ahnt gar nicht, wie wichtig dieses Feedback ist! Bei meinen Teststrickerinnen und Teststrickern, die meine Anleitungen getestet haben.
Bei Britta Kremke, die mich zu diesem Kanal inspiriert hat. Bei Melanie Stiebner, die an dieses Buch geglaubt hat. Bei meinen »YouTubern« Knitting Miki, Strickmirwas Marco, Frau Nadelgeklapper und Julimond strickt wieder – wichtige Freundschaften, die in der digitalen Welt begonnen haben.
Bei Laura von Lauras Wollladen, die mich schon gaaanz lange auf wolligen Wegen begleitet und meine ersten Workshops ermöglicht hat. Bei Michael, der als Modell zeigt, wie cool Mode auch jenseits der 50 aussehen kann. Und zum Schluss möchte ich mich bei meinem Mann bedanken, der immer als Modell zur Verfügung steht, liebevoll-kritisch meine Entwürfe kommentiert, den -zigsten Wolleinkauf grinsend hinnimmt (auch wenn er manchmal die Augen verdreht) und jeden Filmabend mit Nadelgeklapper klaglos mitmacht.

Die Fotos für dieses Buch wurden in der Jugendherberge Possenhofen aufgenommen.

Impressum:
Covergestaltung: Pierre Sick
Layout: Claudia Castiglione, Guter Punkt, München
Fotografie Cover und Aufmacher: Nina Solansky
Fotografie Autorenbild: J.D. Hunger
Fotolocation: Jugendherberge Possenhofen
Technikbilder vom Autor
Gesamtherstellung: Stiebner Verlag, Grünwald

Bibliografische Information der Deutschen Nationalbibliothek

Die Deutsche Nationalbibliothek verzeichnet diese Publikation in der Deutschen Nationalbibliografie; detaillierte bibliografische Daten sind im Internet über http://dnb.dnb.de abrufbar.

2., durchgesehene Auflage 2022

Printed in the EU
ISBN 978-3-8307-2077-5

Wir produzieren unsere Bücher mit großer Sorgfalt und Genauigkeit. Trotzdem lässt es sich nicht ausschließen, dass uns in Einzelfällen Fehler passieren. Auf unserer Webseite auf der Buch-Detailseite finden Sie im Menüpunkt Errata eventuelle Hinweise und Korrekturen zu diesem Titel. Sollten Sie in diesem Buch einen Fehler finden, so bitten wir um einen Hinweis an verlag@stiebner.com.
Für solche Hinweise sind wir sehr dankbar, denn sie helfen uns, unsere Bücher zu verbessern.